Derechos Humanos y Construcción de Memoria Cívica: Cultura Democrática y Modelos de Protección en América Latina y Europa

Coordinación
Cristina del Prado Higuera

Derechos Humanos y Construcción de Memoria Cívica: Cultura Democrática y Modelos de Protección en América Latina y Europa

Fundación Universitaria Española

FUNDACIÓN FERNANDO DE CASTRO
Asociación para la Enseñanza de la Mujer

Universidad Rey Juan Carlos

Oficina de Derechos Humanos
Universidad Rey Juan Carlos

Dykinson, S.L.

Editorial DYKINSON, S. L. - Meléndez Valdés, 61 - 28015 Madrid
Teléfonos (+34) 91 544 28 46 - (+34) 91 544 28 69
e-mail: info@dykinson.com
http://www.dykinson.es
http//www.dykinson.com

ISBN: 978-84-9148-130-0
Depósito legal: M. 21.705-2017

ÍNDICE

PRÓLOGO: CIUDADANÍA, MEMORIA Y DERECHOS HUMANOS, O UNA NACIÓN SIN LISONJA

En su *Diario de un viaje a las Hébridas con Samuel Johnson,* el buen James Boswell recuerda que el gran erudito inglés, al que dedicó la más bella de las biografías nunca escritas, la *Vida de Samuel Johnson,* no creía que los seres humanos abusáramos nunca en la lisonja a nuestra época. Joseph Roth iba más allá cuando afirmaba que «nuestra patria es nuestro tiempo», y eso en plena etapa de *La filial del infierno en la tierra.* La patria, en efecto, puede llegar a ser muy especialmente el tiempo vivido. Y afirmarlo nada resta, y todo suma.

Para la ciudadanía española, la evocación del ciclo histórico abierto en 1977 con las primeras elecciones libres celebradas en más de cuarenta años, y resuelto con la más prolongada etapa de libertad, justicia, derechos, responsabilidades y oportunidades cívicas de la multisecular andadura de España como protagonista, y eminente, de la propia aventura universal de la condición humana, no puede conducir más que a una reafirmación del sentido de pertenencia.

Por eso resulta tan importante la construcción de la memoria cívica. La historia es un patrimonio compartido porque, ya lo decía Marc Bloch, es por definición social y, por lo tanto, susceptible de un análisis racional y científico. La memoria es personal y, por lo tanto, es el territorio de la calidez, un teatro propio de cada conciencia, en donde se representan escenas seleccionadas por el corazón. La memoria hace posible que veamos corazones, y no únicamente rostros. Y el espacio de encuentro entre la historia y la memoria lo delimita el sentido de la responsabilidad de una ciudadanía ejerciente, consciente y crítica, digna de esa denominación.

El *I Seminario Derechos Humanos y Construcción de Memoria Cívica. Cultura Democrática y Derechos Humanos,* que se celebró en la Facultad de Ciencias Jurídicas y Sociales de la Universidad Rey Juan Carlos entre el 6 y el 7 de octubre de 2016, en el marco del Programa de Derechos Humanos de la Oficina de Derechos Humanos de la propia Universidad, con la colaboración de la Fundación Universitaria Española y la Fundación Fernando de Castro, quiso ofrecer una respuesta académica y científica, es decir, cívica y participativa, de profesores, servidores públicos y profesores, a la construcción de la memoria en el marco del Estado de Derecho, conjugando experiencias que tanto en Europa como en Hispanoamérica han venido a delimitar los rasgos básicos de la cultura del encuentro, la concordia, y la construcción compartida de una institucionalidad en donde la dignidad humana es inviolable, y los poderes públicos responsables de la efectiva tutela de ese principio, pero en donde una ciudadanía activa y madura acude a la historia y a la memoria para ofrecer nuevas respuestas a las mismas preguntas.

En las semanas transcurridas desde la celebración del Seminario, la historia nos ha suministrado nuevos espacios para la inquietud y la reflexión. El derecho de los seres humanos a recorrer un mundo que les pertenece, o el derecho de asilo, o la preservación de la vida, la dignidad y la integridad de la persona humana de prácticas como la tortura se encuentran, hoy, sometidas a un abierto cuestionamiento por algunos de los más poderosos centros de poder del mundo. Este libro, que recoge las contribuciones de ponentes y profesores a la reflexión compartida en octubre, cobra ahora más sentido y actualidad que nunca. Y, esperamos que esas contribuciones puedan mover, como mínimo, a la reflexión en tiempos, como diría Harold Acton, «de escalofríos y tos», en donde civismo, memoria y derechos humanos no son, en efecto, lisonja, sino cotidiana vivencia y ambición de una nación digna de serlo.

Enrique San Miguel Pérez

Catedrático de Historia del Derecho y de las Instituciones de la Universidad Rey Juan Carlos. Director del Seminario.

DEMOCRACIA INCOMPLETA, TRANSICIÓN INFINITA: ALDO MORO

ENRIQUE SAN MIGUEL PÉREZ

Catedrático de Historia del Derecho y de las Instituciones. Universidad Rey Juan Carlos

La gestación y consolidación de una cultura política del encuentro en Europa conoció uno de sus más brillantes expresiones cuando, en el segundo semestre de 1963, en pleno primer año de los trabajos del Concilio Vaticano II, al otro lado del Tíber se produjo la materialización de una solución de gobierno inédita: la creación de un bipartito integrado por democristianos y socialistas, con la finalidad de consolidar las formas políticas e institucionales de la democracia, pero también de ampliar la base sustentante del sistema partidario y confiar responsabilidades ejecutivas a las fuerzas de la oposición, explicitando así su compromiso con el proyecto del Estado de Derecho. Una solución política que prontamente habría de adoptar una definición política convencional casi mítica: el *centrosinistra.*

Ese gobierno bipartito, conformado el 4 de diciembre de 1963, habría de estar liderado por la figura política que, en el ámbito secular, mejor interpretaba el estilo, la sensibilidad, la proverbial gravedad, la honestidad, y el sentido de la introspección y de la exigencia intelectual que exhibía el nuevo Santo Padre, Giovanni Battista Montini, Pablo VI. Había nacido en 1916 en la Apulia, era hijo de maestros, jurista y profesor de disciplinas jurídicas básicas. Y se llamaba Aldo Moro. O, como siempre habrían de recordarle sus amigos, el *caro Aldo.*

Cuando en 1968 cerró su mandato este nuevo gobierno, formado con el mismísimo Pietro Nenni, el histórico líder socialista, como viceprimerministro, el gabinete encabezado por Aldo Moro era ya conocido como el «gobierno largo». En la Italia republicana, desde luego, era el gabinete de más dilatada existencia de su corta historia. Una historia que, en apenas un cuarto de siglo, se enfrentaba al jalón postrero de su proceso de consolidación política y partidaria: la conversión del opositor Pci en una fuerza susceptible de asumir responsabilidades ejecutivas en un futuro mediato. Un objetivo a cuya posibilidad habría de entregarse Aldo Moro durante la década siguiente, la última de una existencia trágica y prematuramente frustrada.

Pero, en las semanas finales de 1963, el destino de Moro se encontraba unido, una vez más, al de su maestro, «Don Battista». Con apenas seis meses de intervalo, entre el 21 de junio y el 4 de diciembre, maestro y discípulo accedían a responsabilidades a las que, probablemente, y consideradas retrospectivamente, ambos estaban casi «destinados». Pero el espectáculo de maestro y discípulo al frente de la Iglesia y de unas de las grandes democracias del mundo, un espectáculo casi inmediatamente convertido en parte del paisaje histórico y, también, del patrimonio sentimental de una generación, es una de las más portentosas evidencias de la presencia protagónica de la cultura y de la propuesta cristiana en una década, la de los 60' que, cuando se adjetiva como la década de las grandes y positivas transformaciones, incluso como la década del cambio, no puede prescindir del liderazgo de la opción cristiana en la acción pública, en la creación, y en la visión de una existencia que, con más esperanza e ilusión que nunca, desplegaba toda su energía y toda su capacidad transformadoras.

Pietro Scoppola decía que Aldo Moro era uno de esos estadistas cuya presencia pública no podía estudiarse en forma fragmentaria, porque su personalidad condicionaba toda una era política que tendía a permanecer suspendida en una especie de limbo entre la política y la historia. Y el gran historiador italiano encontraba, en la historia contemporánea italiana, únicamente otros dos ejemplos: Cavour y De Gasperi[1]. Porque Aldo Moro, como Camillo Benso y Alcide de Gasperi, era un auténtico constructor de institucionalidad, un edificador del sistema político y de las relaciones partidarias, un maestro y un ejemplo del estilo y de la propuesta ética, un severo, sereno y sensato pedagogo democrático. Un hombre de Estado. Uno de los últimos y genuinos en la política europea del siglo XX.

Aldo Moro no era precisamente un debutante: accedía por primera vez a la presidencia del Consejo de Ministros después de pasar por la presidencia de la FUCI, la Asamblea Constituyente, los trabajos redactores de la Comisión de los 75, y la problemática gestión política y partidaria del legado complejo de un «dossettismo» cuya herencia había reclamado en exclusiva Amintore Fanfani, abocando al pausado y reflexivo profesor de la Apulia al ejercicio de la conciencia crítica de una Dc que, en el tránsito de la resistencia al gobierno, sabía ser un partido-pueblo, el celebérrimo *partito-paese*, al mismo tiempo que un partido que por momentos se comportaba como todo un sistema político. Un movimiento histórico que, en la conciencia «dossettista» y «morotea», debía encauzarse dentro de los más eficientes patrones del cuadro partidario. Para Aldo Moro, de acuerdo con las reflexiones que compuso en la prisión abominable a la que le sometió el stalinismo de la «Brigadas Rojas» entre el 16 de marzo y el 9 de mayo de 1978, casi un «partido-Estado».

Moro, como ha hecho notar Agostino Giovagnoli, compartía con Dossetti el rechazo del modelo clásico de Estado

---

[1] SCOPPOLA, P.: *La repubblica dei partiti. Evoluzione e crisi di un sistema politico. 1945-1996*. Bologna. 1997, pp. 356-357.

liberal y, sobre todo, su característica distinción entre instituciones públicas y sociedad, entre Estado y persona y comunidad. Una escisión incomprensible desde sus perspectivas hondamente espiritualistas, enraizada en el culto por la ley natural en Dossetti, en el caso de Aldo Moro más vinculada a la sencilla pero profunda fe materna y a su propio amor por el idealismo de juristas como Santi Romano, Giorgio del Vecchio o Felice Battaglia. Por eso Giuseppe Dossetti y Aldo Moro creían firmemente en la política y no tanto en el Estado, mero instrumento al servicio de la plenitud de la condición humana, en la mejor tradición de pensamiento de Jacques Maritain. Y, también por ese mismo motivo, la vía política habría de imponerse a la vía institucional[2].

En ese singular equilibrio entre los legados de personalidades tan eminentes como Dossetti y De Gasperi, Moro preservó siempre un espacio privilegiado para el «partido-conciencia», para el mensaje revestido de una autoridad moral que, tras su asesinato cruel y despiadado, a partir de la traumática primavera de 1978, sólo quizás Oscar Luigi Scalfaro habría de recuperar en las horas finales de la Dc. Esa original lectura de una formación política sin precedentes, siempre inspiradora del accionar de los demócratas de inspiración cristiana, el «partido-conciencia», es una de las más clarividentes y originales aportaciones de Aldo Moro a la historia democrática.

Aldo Moro había sido ya ministro de Justicia entre 1955 y 1957 y de Educación entre 1957 y 1959, es decir, había asumido carteras que entraban plenamente dentro de su esfera de cualificación y, habría de evidenciarlo muy sólidamente, de competencia. Una competencia, en realidad, integral y universal, que habría de exhibir amplia y convincentemente en las aulas que no abandonó hasta su muerte, en la tribuna parlamentaria, en el encuentro partidario, en el diálogo político, en la asunción de las tareas de gobier-

---

[2] GIOVAGNOLI, A.: *La cultura democristiana. Tra Chiesa cattolica e identità italiana. 1918-1948*. Roma-Bari. 1991, pp. 206-207.

no. En la capacidad para pensar una sociedad con futuro, es decir, una sociedad anclada en principios intemporales y universales. El hombre que el 4 de diciembre de 1963 se hacía cargo de liderar el gobierno de Italia era el político total, durante décadas extraordinariamente formado para un día que sus maestros, y entre todos Don Battista Montini, sabían que habría de llegar.

Leonardo Sciascia, en su imprescindible libro sobre *L'affaire Moro,* recordaba que todos los diarios italianos y mundiales se referían al líder democristiano el 17 de marzo de 1978, el primer día después de su secuestro, como «el estadista», el «hombre de Estado», por no decir el propio «hombre-Estado» por excelencia[3]. Y, más de un tercio de siglo después, el juicio certero del escritor siciliano, dirigente radical y laico, presencia imprescindible en la Italia republicana, conserva sentido, vigencia, y acierto en el diagnóstico. Aldo Moro era ya una inmensa personalidad política desde los años de la guerra y de la posguerra. Pero a partir de 1963 demostró unas condiciones incomparables para el ejercicio de las responsabilidades ejecutivas. Demostró que era uno de esos hombres que tienen el Estado en la cabeza. Pero, sobre todo, tienen en la cabeza la historia, la vida y la dignidad humana, las ilusiones y las esperanzas de un proyecto de civilización.

Por eso, cuando se materializó su secuestro, en un tiempo en que sus supremas responsabilidades eran partidarias, y no ejecutivas, para la ciudadanía y para los medios de comunicación no fue difícil entender que Aldo Moro no era ya meramente el mantenedor de ninguna solución partidaria de gobierno: el hombre tranquilo, «el alemán nacido en Apulia», era el más genuino sustentante del sistema institucional fundado por las fuerzas democráticas que derrotaron al fascismo, pero también la mejor garantía de la capacidad de ese sistema, de esa democracia italiana que él mismo había calificado como «incompleta», para ensan-

---

[3] SCIASCIA, L.: *L'Affaire Moro con aggiunta la relazione parlamentare.* Milano. 1994, pp. 31-32.

char su base política y partidaria y sus ambiciones societarias y comunitarias.

Aldo Moro era el político, el servidor público, la responsabilidad, la gravedad y la severidad inherentes al sentido del deber. Y, probablemente por eso, no fue, en absoluto, un ministro «profesional», obsesionado con la gestión del presupuesto y el manejo de los boletines oficiales. De hecho, a lo largo de 32 años de carrera política, su presencia ejecutiva apenas ocupó 15 (1955-1959, 1963-1968, 1969-1972, 1973-1976, con dos periodos presidenciales, entre 1963 y 1968 y entre 1974 y 1976, que no suman más de 7) Moro era el Estado en su conjunto, la política, el bien común. Moro era la enseñanza, la pedagogía democrática, y el desarrollo de una organización de creyentes, la Dc. Sus tres actividades permanentes fueron la docencia, la presencia parlamentaria, y la pertenencia orgánica a responsabilidades de partido. El gobierno era secundario. La Dc era un partido con vocación de gobierno, pero Aldo Moro trató siempre de preservarlo de esa exclusiva pretensión, creando un partido dotado de su propia identidad, y no una mera plataforma electoral.

Nombrado secretario general de la Dc a partir de 1959, y con Fanfani al frente del ejecutivo, ambos políticos habrían de conducir la herencia cristiana y social del «dossettismo» desde la Piazza del Gesú y el Palazzo Chiggi. Pero Moro no se sintió nunca el intérprete de ninguna venganza de Dossetti contra De Gasperi. El joven político que, en su elogio fúnebre del gran estadista trentino, recordaba que «la esencia de la democracia pertenece a la vida moral», entendió que el mejor legado conjunto de la Era De Gasperi-Dossetti era la necesidad de potenciar partido y gobierno hacia la plenitud de ejercicio de sus respectivas esferas de actuación.

Y lo conseguiría aplicando un esquema, el diferenciador de presidencia del partido y presidencia del Consejo de Ministros, que habría de consolidar la Dc como una fuerza política que no promovía hiperliderazgos, sino una propuesta del accionar político e institucional en permanente cambio. Moro fue uno de los máximos promotores de esa capacidad para la renovación de élites y de liderazgos consustancial al mantenimiento de la Dc italiana en responsabilidades de gobierno durante casi medio siglo ininterrumpido después de imponerse en once elecciones políticas consecutivas. Unos registros sin parangón en ninguna de las grandes naciones democráticas.

El secreto de la Dc estribaba en una virtud tan simple como compleja: la naturaleza eminentemente política de su identidad y de su propuesta. El 17 de mayo de 1963, al presentar ante el Consejo político de la Dc su informe como secretario general, tras la victoria obtenida en las elecciones generales del 28 de abril precedente, Aldo Moro hacía notar un hecho tan esperanzador como el retorno del discurso político en momentos difíciles. Y eso permitía que la acción partidaria se abriera a la sociedad, y se abriera con su especial sensibilidad, inmediatez, iniciativa, sentido de la responsabilidad, y capacidad para interpretar las necesidades del país y responder a ellas.

Pero, lo que era más importante, el regreso de la política significaba que ese mismo proceso comprometía al conjunto de los partidos políticos implicados en la maduración de una solidaridad constructiva al servicio de la sociedad. Porque, decía Moro, los democristianos no tenían, y nunca habían tenido, la pretensión de ofrecer en solitario una respuesta válida a las interrogantes que suscitaba una sociedad tan compleja como la italiana. La Democracia Cristiana no había combatido contra el fascismo y el stalinismo en solitario, ni en solitario quería combatir en democracia al servicio de la libertad de los ciudadanos para optar por sí mismos. Porque, al mismo tiempo, la Democracia Cristiana no renunciaba a la ilusión de ser parte esencial de la confianza del pueblo, y estaba convencida de poder seguir aportando una decisiva contribución a la causa de la justicia y de la libertad[4].

[4] MORO, A.: *La democrazia incompiuta. Attori e questioni della politica italiana 1943-1978*. A cura di Andrea Ambrogetti. Introduzione di Giovanni Moro. Roma. 1999, p. 196.

Esa era la respuesta de Moro a la caída del voto *biancofiore* en más de cuatro puntos desde el 42 al 38 %, y el incremento del voto comunista en casi tres, desde el 22 a más del 25 %, trece puntos de diferencia, la más estrecha de la historia, que auguraba una nueva etapa política que exigía grandes acuerdos entre grandes partidos, con los socialistas como árbitros con su casi 14 % de los sufragios. El balance del mandato de Fanfani señalaba un significativo desgaste, y Giovanni Leone fue llamado a la presidencia del Consejo de Ministros. Pero el primer episodio del escándalo Lockheed forzó su salida del Palazzo Chigi en diciembre. Y el secretario general de la Dc, Aldo Moro, se convirtió en la única salida a una crisis política que resolvió formando un bipartito con Nenni y los socialistas.

Cuando el 19 de mayo de 1968 el gobierno Moro fue sometido a examen, ganó casi un punto, algo menos de la ganancia de la oposición comunista, asumiendo el Psi, unido al socialdemócrata Psdi, un desgaste conjunto de más de cinco puntos. En un año tan emblemático como 1968, y en unas elecciones celebradas apenas una semana después de la revolución parisina de mayo de 1968, Aldo Moro había hecho regresar el voto cristianodemócrata al umbral del 40 % de los votos, con casi trece puntos de diferencias sobre el Pci, y casi cien escaños de diferencias en la Cámara de Diputados. Si 1963 fue, por muchos conceptos, el año de los cristianos, 1968, en Italia, lo fue todavía más. Y, por la misma razón, la totémica década del cambio y de la esperanza, la década de los 60', es también una década inseparable de la propuesta, la creación y la cultura de los cristianos.

El gobierno que había asumido sus responsabilidades tras su investidura el 12 de diciembre de 1963, y que integraban la Dc y el Psi, era una coalición dotada de una nítida orientación política de centro-izquierda, el mítico *centrosinistra* moroteo y, por extensión, democristiano, que para su fortuna y su desventura habría de desembocar en una caracterización tópica del socialcristianismo de los 60' o de los 70' como una suerte de derivación en sentido «progresista» del «centrismo» de los años 50'. Una caracterización que hacía frente a la dificultad de una política interna reformista con el sostenimiento de los compromisos internacionales de Italia, unos compromisos de naturaleza atlantista[5]. Pero también profundamente europeísta. Con Aldo Moro, la política de los cristianos cambió, pero para defender más eficazmente la misma visión reformista, el mismo sentido de la eficiencia y de la equidad, la misma vocación por la paz y la justicia social.

Los debates parlamentarios que acompañaron a la presentación ante las Cámaras del primer gobierno Moro, también conocido en un principio como «Moro/Nenni», antes de que el casi mítico sobrenombre de «gobierno largo» irrumpiera en la historia política italiana, contienen algunos de los más bellos ejercicios de pedagogía parlamentaria nunca realizados en el curso de la historia democrática. En diciembre de 1963 Aldo Moro recordaba que vivíamos en un mundo más pequeño, que había reforzado la interdependencia entre los pueblos. Un mundo en donde tanto la ciencia y la técnica podían sanar todas las plagas de la humanidad, como la miseria, el hambre y la humillación destruirla. Pero también un mundo cuya historia no podía ya cambiar la guerra, debido a la potencia de las armas que no admitían defensa. Y esa paradoja aparente permitía que la atmósfera internacional fuera más respirable, que los espíritus se mostraran más abiertos, las manifestaciones de buena voluntad y la superación de la intransigencia ideológica y política se hicieran más frecuentes, y se abriera una genuina esperanza, humana, y comunitaria, hacia el porvenir[6].

El triunfo de Aldo Moro parecía una consecuencia casi natural del nuevo tiempo que la historia quería abrir, a pesar de reveses como el asesinato reciente del presidente Kennedy. El sistema institucional italiano había sido lo bastante flexible como para permitir la conjunción de las ener-

---

[5] DE LEONARDIS, M.: «La scelta atlantica: la politica estera italiana dopo il 1948». INVERNIZZI, M.; MARTINUCCI, P. (A cura di): *Dal «centrismo» al sessantotto,* pp. 35-50. Milano. 2007, pp. 44-45.

[6] MORO, A.: *La democrazia incompiuta...*, pp. 55 y ss.

gías constitucionales de cristiano-demócratas, socialistas y comunistas. Y, como siempre había sostenido el propio Moro, todas las fuerzas comprometidas con el proyecto republicano formaban parte de su horizonte de gobierno. Incluso algunos analistas, como Luciano Radi, han convenido en destacar la confluencia de la hegemonía electoral de la Dc con la influencia de la izquierda en la redacción final del texto constitucional hoy vigente en Italia y, por consiguiente, en la propia evolución del régimen político[7]. Ello equivaldría a negar la influencia del pensamiento constitucional de figuras como, por ejemplo, Giorgio La Pira[8]. Pero también pone de manifiesto la grandeza y la generosidad con la que los líderes cristianos entendieron la oportunidad histórica abierta por las elecciones del 28 de abril de 1963.

El diseño político de Aldo Moro, un hombre asesinado en plenitud, con apenas 62 años, muy lejos de todo sentimiento, objetivo o subjetivo, de agotamiento de su proyecto político, de sus ilusiones personales y familiares, y de su propio y siempre singular discurso, tenía quizás un sólo defecto:

---

[7] RADI, L.: *La DC da De Gasperi a Fanfani*. Catanzaro. 2005, p. 219.

[8] LA PIRA, G.: *Examen de conciencia frente a la Constituyente*. Buenos Aires. 1957, pp. 17 y 41: «¿Cuándo es 'buena' una constitución? La respuesta es evidente: cuando la organización jurídica (la constitución) es proporcionada a la sociedad a la cual se refiere; es decir, cuando se observa el *principio de proporcionalidad que gobierna las relaciones sociedad-constitución (o lo que es lo mismo) sociedad y Estado*...

¿Cómo superar entonces esta desproporción y esta crisis? Volviendo al hombre verdadero y a la verdadera estructura social, y este hombre verdadero (cual es por naturaleza) y esta verdadera estructura social (según la exige la naturaleza) no se reencuentran sino en las limpias construcciones de la sociología católica.

El catolicismo, en efecto, antes de ser revelador del orden de la gracia y del orden de la naturaleza, muestra al hombre tal como es y a la sociedad cual debe ser según las exigencias de la naturaleza humana; ningún constructor social puede alejarse de él o prescindir de él...

De aquí la legitimidad de aquella corriente de pensamiento social católica a la que se debe la crítica más cerrada y más precisa de la sociedad burguesa y la elaboración de aquellos lineamientos de una nueva constitución destinada a superar las crisis y a instaurar un orden social estable» era único y, por lo tanto, muy dependiente de él mismo. Con su estrategia reformista, incluso sus más porfiados detractores (de entonces) reconocen hoy que Aldo Moro consiguió consolidar un «bipartidismo» imperfecto que aseguraba a la Dc el liderazgo de la centralidad institucional del sistema republicano, al tiempo que insuflaba un renovado dinamismo al debate político del que, obviamente, se beneficiaría el partido *biancofiore* en las elecciones legislativas de 1968.

Aldo Moro, era seguramente el líder más respetado por la militancia y la dirigencia cristianodemócrata italiana, pero también considerado siempre distante, sumergido en su inquietud acerca de la fragilidad de las instituciones democráticas, casi ahogado en el fatalismo, un fatalismo del que parecía extraer su fuerza y su constancia, su capacidad para el debate y la persuasión, su mítica paciencia. Moro propugnaba el diálogo entre las culturas democráticas y las alianzas entre partidos. Moro no se resignaba a la contemplación de las grandes tradiciones democráticas y partidarias como moles encerradas en sus propias certezas, y contemplaba la democracia como una gigantesca oportunidad para el diálogo entre las personas, como un puente entre las instituciones y la sociedad[9]. Si hubo un líder en el siglo XX que interpretó los desafíos y oportunidades que se le ofrecían al mensaje cristiano, fue Aldo Moro.

La estrategia de Moro, en todo caso, no era una estrategia de partido, sino de pueblo. No era una estrategia de militancia, sino de sociedad. No era una estrategia para la ocupación del poder. Cabe meditar si era una estrategia para la instalación en la historia. Pero, de acuerdo con las convicciones cristianas de Moro, la historia, y la presencia de la condición humana en esa historia, era parte esencial del proyecto cristiano. Pertenecía y pertenece a Jesucristo. Y a partir de su secuestro criminal, el 16 de marzo de 1978, ese sentimiento se convertiría en la más poderosa de sus convicciones.

---

[9] GALLI, G.: *Il decennio Moro-Berlinguer. Una rilettura attuale.* Milano. 2006, p. 19. *Vid.* igualmente FOLLINI, M.: *La DC.* Bologna. 2000, pp. 117-119.

El gobierno que comenzaba su andadura en el final del otoño de 1963 bajo la presidencia y, lo que es más importante, el liderazgo de Aldo Moro, consiguió un objetivo esencial: sumar a todas las fuerzas parlamentarias a la lógica democrática, incluido un Pci que habría de iniciar un visible distanciamiento del stalinismo. Pero, como muy lúcidamente habría de poner de manifiesto Agostino Giovagnoli en el bellísimo libro que dedicó al asesinato del gran estadista italiano, la fortaleza institucional y la convicción democrática de un Estado de Derecho en la plenitud de la lealtad de las fuerzas partidarios convirtió a la barbarie terrorista en una suerte de «oposición» que contó con el beneplácito miserable, cuando no la simpatía abyecta, de algunos segmentos de la vida pública italiana[10]. Esa «oposición» sabía muy bien que no podía derrotar a Moro. Y optó por proceder a su asesinato. Así aplica su aplastante «lógica» el totalitarismo.

En una de las casi cien cartas que escribió durante su cautiverio en una «cárcel del pueblo» siniestramente creada, y todavía más siniestramente denominada por el totalitarismo stalinista de las *Brigate Rosse,* la octogésima primera, redactada el 28 de abril del funesto 1978, Aldo Moro se dirigió nada menos que al *Partito della Democrazia Cristiana,* para reprochar a su interlocutor su miedo al debate y su miedo a la verdad[11]. Dos miedos que se encuentran en la antítesis de la perspectiva cristiana de la existencia, del compromiso, de la presencia y la participación públicas. Dos miedos inaceptables. Dos miedos, y entre ellos, sobre todo, el miedo a la verdad, que ese mismo año 1963 formaban parte, sin embargo, de algunas de las más bellas expresiones de las formas de creación. Dos miedos que aquejan a la democracia y que Aldo Moro derrotó a lo largo de su existencia fecunda y, no digamos, tras su histórico sacrificio.

---

[10] GIOVAGNOLI, A.: *Il caso Moro. Una tragedia repubblicana.* Bologna. 2005, pp. 16 y ss.

[11] MORO, A.: *Lettere dalla prigionia.* A cura di Miguel Gotor. Torino. 2008, p. 140.

LA TRANSICIÓN ESPAÑOLA: DEL ENAMORAMIENTO AL DIVORCIO SOCIAL

JOSÉ FRANCISCO SERRANO OCEJA
Universidad CEU San Pablo

La bibliografía sobre la Transición política española sigue aumentando considerablemente, tanto en los estudios como en los testimonios bibliográficos. Podemos, como ejemplo de observación participada, acercarnos a las más relevantes librerías de Madrid y nos topamos con el hecho de que en la sección de Historia de España, junto a los rótulos de Edad Antigua, Historia Edad Media, Edad Moderna, hay una serie de estanterías específicas dedicadas a la Transición Política, que lo es más que política. Ejemplares que sobrepasan con mucho a los que ocupan el espacio de la España contemporánea, quizá porque la España contemporánea siga pivotando en torno a ese período cargado de magia al que una y otra vez recurrimos con frecuencia, o para reivindicarlo o para denostarlo.

La propuesta del título de esta aportación está orientada a analizar la Transición desde el punto de vista de las relaciones entre élites y sociedad, con la pretensión de adentrarnos en las estrategias de las élites con una institución que fue clave en la pedagogía social de ese período, la prensa.

I. IDEAS Y CONTEXTOS

Gregorio Morán en su libro «El precio de la transición» ofrece, en un epílogo, veinticinco proposiciones para el Manual de las transiciones políticas. Dice allí:

«Los dos personajes bíblicos que toda transición que se precie debe considerar como más inquietante son Jeremías y Job. El primero porque representa el valor de la palabra y la impertinencia de unas reflexiones inútiles y a destiempo. Job porque la paciencia es la única concesión que hacen quienes vencen a quienes son vencidos.

El segmento humano con el que habrá mayor dificultad para explicar la transición no serán los resentidos, ni los envidiosos, ni los perdedores, ni los violentos, ni los extranjeros. Serán los niños. No es fácil hacer pedagogía con la transición. Primero habrá que explicarles los personajes, luego las situaciones y, por fin, el resultado. Corremos el riesgo de que o no lo entiendan o se ofenden. Se necesita edad para comprender la transición. Lo idóneo es la ancianidad porque permite ese bello tono distante que empieza siempre diciendo "... si yo te contara..."[1] ».

Podemos preguntarnos si el divorcio que algunos han firmado con la Transición no es la causa de la decepción política de los españoles. En este sentido no hago oídos sordos a las afirmaciones del revisionista profesor Juan Andrade[2] que insiste en que muchos tienden a confundir la historia con su propia biografía.

Los nuevos politólogos señalan que pasamos de un régimen autoritario a una democracia aparente y superficial. Sólo una verdadera ruptura hubiera acabado con las viejas estructuras de poder. Sería algo así como la afirmación que Pablo Iglesias hace en su libro «Disputar la democracia»: «Los poderosos no renuncian a todos su privilegios cuando

[1] Gregorio Morán (2015): *El precio de la Transición*, Akal, Madrid, p. 255.

[2] Cfr. Juan Andrade (2015): *El PCE y el PSOE en (la) Transición. La evolución ideológica de la izquierda durante el proceso de cambio político*, Siglo XXI, Madrid, 464 pp.

son derrotados en la mesa del ajedrez, sino cuando caen en el Ring»[3].

Incluso hay quien señala, explícita o implícitamente, que la Transición fue una Transición mentirosa que derivó en una democracia de mentira.

El empeño por insistir en que la democracia se hizo desde arriba hacia abajo, sin el concurso de los de abajo, obvia el papel de los trabajadores, sindicalistas, universitarios, curas obreros, estudiantes, organizaciones sociales, la prensa y la Iglesia.

Hay quien apunta también que, en el actual momento de la historiografía, nos estamos equivocando al ser tan indulgentes con el pasado y tan implacables con el presente.

En términos generales —y ahora estoy formulando las hipótesis implícitas— la prensa se configuró en ese período a partir de un matrimonio con el poder que es algo más que un matrimonio de conveniencia. La prensa y el poder inauguraron una serie de rutinas que aún están vigentes, y que han evolucionado con el correr de los tiempos.

Las relaciones con la Prensa se dieron bajo el síndrome de la fascinación —ponemos como ejemplo el favorable tratamiento de la figura del rey Juan Carlos en el debate de los hiperliderazgos que a la perspectiva metodológica «personalista» ha propuesto— como de otros actores de la Transición.

En este sentido, esta perspectiva viene a confirmar el papel y las estrategias de las élites políticas. Ese liderazgo, que generaba un enamoramiento entre poder político reciclado y la prensa, en su configuración histórica como élite política, tuvo un referente social y una aceptación social en las bases populares, en la «sociedad modernizada» a través del trabajo de la prensa como institución junto con otras instituciones de referencia en este proceso de conformación de *ethos* democrático en ese período.

---

[3] Tomado de Nativel Preciado (2016): *Hagamos memoria. Políticos y periodistas de la Transición a nuestros días*, Fundación José Manuel Lara, Sevilla, p. 20.

Las élites políticas procedentes del franquismo, que tuvieron un rol indiscutible en la Transición porque ostentaban buena parte del poder político del Estado, realizaron la reforma en el seno de una sociedad moderna y avanzada, cada vez más dispuesta a reivindicar o a asumir un cambio en sentido democratizador, pero había que preguntarse si en gran parte desmovilizada.

En la relación entre líderes y sociedad desempeñaron un cometido crucial los medios, con lo que, ejerciendo su intrínseca función mediadora, se convirtieron en otros influyentes actores.

Como señalan los teóricos de la comunicación, nuestras relaciones con otras personas, objetos, organizaciones y acontecimientos están conformadas por los conocimientos que adquirimos a través de los medios, que además son canales esenciales de contacto social. Sin embargo, la mediación no es un mero nexo de unión entre los medios y la sociedad, sino que los medios interpretan y construyen la realidad al convertir los sucesos en acontecimientos informativos. Por lo tanto, el conocimiento de los ciudadanos sobre lo que estaba acaeciendo en la Transición provenía de los mensajes periodísticos, que tuvieron un destacado papel en la construcción ante la sociedad de los líderes de aquella etapa de la historia de España.

II. PRENSA Y PODER; MEDIOS Y MEDIADORES

Las obras acerca de la prensa española durante la Transición son numerosas y abarcan desde trabajos sobre la historia del periodismo con una perspectiva cronológica, hasta estudios específicos centrados en alguna publicación concreta o en el análisis de la cobertura de algún asunto específico[4]. En esta aportación seguiré los estudios el profesor Carlos Barrera del Barrio.

[4] Cfr. Ricardo Zugasti (2007): *La forja de una complicidad. Monarquía y prensa en la transición española (1975-1978)*, Fragua, Madrid.

Durante los años que van desde 1975 a 1984 el panorama periodístico sufrió notable variaciones, lógico si se tienen en cuenta los cambios políticos[5]. Un total de sesenta diarios dejaron de publicarse a lo largo de este tiempo: veinticinco de ellos pertenecían a la antigua cadena de prensa del movimiento, luego llamada medios de comunicación social del Estado y otro buen número eran periódicos aparecidos a la muerte del general Franco. Cerca de la mitad de los diarios que se editaban en 1984 no existían en 1975.

No debemos olvidar que la libertad de prensa de que gozaba la prensa escrita en la España de 1975, aun con limitaciones evidentes, había ganado terreno con respecto a la situación del período anterior. La nueva Ley de Prensa e Imprenta de 1966, junto con el empuje de algunos periódicos y revistas por ir ampliando los márgenes informativos y editoriales que el Gobierno permitía, habían significado un paso importante hacia el cumplimiento de la labor informativa e interpretativa de la prensa.

En palabras de Juan Luis Cebrián, joven periodista, la entrada en vigor de la Ley de 1966 supuso «un paso sin retorno», un punto de inflexión. Hay quien la calificó como «un boquete en la línea de flotación del sistema».

No todo son luces en la ley de 1966. Se incoaron un total de 1270 expedientes entre 1966 y 1975 de los que 389 correspondieron a diarios y 881 a revistas, si bien no todos acabaron en sanción. El hecho de que se hubieran ampliado las garantías jurídicas debido a la introducción del recurso contenciosos-administrativo contra las resoluciones del Ministerio hizo que se elevaran no pocas de las sanciones a la instancia del Tribunal Supremo. Se notó la aboli-

---

[5] Antonio Alférez (1966): *Cuarto poder en España. La prensa desde la Ley Fraga 1966*. Barcelona, Plaza & Janés; Carlos Barrera (1994): «La prensa española ante la designación de Don Juan Carlos como sucesor de Franco a título de Rey», Comunicación y Sociedad, vol. VII, núm. 1, pp. 93-109.

ción de la censura previa y de las consignas y del nombramiento libre del director.

La muerte de Franco supuso, de hecho, que los periódicos se mostraran más atrevidos y se comportaran como si hubiera una auténtica libertad de prensa. Al igual que aumentó la libertad de los periódicos creció el número de los títulos nuevos que salían al mercado, precisamente al calor de esos nuevos aires de cambio. Desde el punto de vista jurídico, la primera medida importante de liberalización de la prensa no llegó hasta el 1 de abril de 1977, en que un decreto derogó los artículos más punitivos de la Ley de Prensa de 1966.

El más alto reconocimiento legal de la libertad de información tuvo que esperar a la Constitución de 1978, cuyo artículo 20.

El cambio de la mentalidad de los periodistas se produjo con el cambio generacional. Hubo quien abdicó de su pasado y se convirtió en adalid de la libertad.

Pongamos el ejemplo contrario de los jóvenes en la Asociación de la Prensa de Madrid. Miguel ángel Aguilar, Enrique Bustamante, César Alonso de los Ríos y María Antonia Iglesias, entre otros, constituyeron un frente a través del cual sometieron a un estrecho marcaje la gestión del presidente Lucio del Álamo El intento más serio de toma de conciencia profesional en el seno de la redacción del periódico fue el surgido en el diario *Madrid* con la formación, el 22 de octubre de 1971, de la Sociedad de Redactores[6].

El contexto de la crisis económica internacional, que afectó de lleno a la España de la Transición, fue un factor que repercutió negativamente en el esperado aumento de publicaciones periódicas. El panorama general fue inestable: bastantes de las nuevas iniciativas tuvieron escasa vida y

---

[6] Cfr. Carlos Barrera del Barrio (1997): «Poder político, empresa periodística y profesionales de los medios en la transición española a la democracia», en *Comunicación y Sociedad, 10* (2), 37.

algunos periódicos tradicionales sufrieron serias dificultades para mantenerse, debido a la necesidad de renovación tecnológica, a los altos costes de producción y de personal, a la falta de adecuación ideológica a los nuevos tiempos, y al empuje de algunos nuevos que se constituyeron en seria competencia de los tradicionales líderes de opinión.

Pese a las dificultades, el mayor pluralismo que la prensa de la Transición actuara como un auténtico «parlamento de papel». Se ha acuñado esta expresión «parlamento de papel» para aludir al rol de la prensa en los años del tardofranquismo, principalmente desde la entrada en vigor de la nueva Ley de Prensa e Imprenta en 1966.

Al hallarse taponados otros cauces oficiales de debate político, la prensa —que gozaba de una mayor libertad por el nuevo contexto legal— fue el foro donde más abiertamente se difundieron ideas políticas que luego serían moneda común. Como no hubo Cortes elegidas democráticamente por sufragio universal hasta julio de 1977, la prensa siguió actuando como «parlamento de papel» hasta esa fecha.

Y la vida política se adueñó de los principales contenidos de los periódicos, en cuyas páginas hallaban amplia cabida y cobijo los viejos y los nuevos políticos que «hacían» la Transición.

También eran distintas, entre los periódicos que compartían el discurso dominante, las representaciones del pasado histórico inmediato: el franquismo y la guerra civil. No fueron temas tabú y los periódicos hablaron de ese pasado de acuerdo con sus principios ideológicos y sus estrategias políticas, pero no los utilizaron como un instrumento de lucha política de unos contra otros.

Aquí se produjo otro evidente paralelismo con el comportamiento de los políticos. El olvido del pasado como elemento fundamental para la reconciliación de los españoles tuvo una razón de ser política: fue parte nuclear del pacto entre los sectores procedentes del franquismo y los de la oposición democrática. Los nuevos valores democráticos y sus consecuencias fueron asumidos por la mayoría de los actores periodísticos aunque difirieran en su alcance.

Todos comprendieron la necesidad de una amnistía amplia, pero hubo interpretaciones diversas sobre a quiénes debía alcanzar. Todos admitieron la necesidad de dar cauces a las aspiraciones de un mayor autogobierno de las regiones, pero divergían sobre el modo y los plazos para hacerlo realidad. Los hitos políticos en que la libertad de los españoles se fue haciendo efectiva (elecciones, referendos) fueron interpretados más como un triunfo colectivo del pueblo español que como victorias de los Gobiernos centristas de Suárez, si bien se reconocía la indiscutible capacidad de liderazgo político de éste. Periódicos que desde el centroizquierda, desde el nacionalismo moderado o desde la derecha se opusieron, en determinadas ocasiones, a algunas estrategias políticas del Gobierno acabaron sumándose al consenso general sacrificando sus propias actitudes iniciales.

En este panorama sólo algunos periódicos de la extrema derecha y del nacionalismo vasco no participaron de ese consenso.

Una contribución importante de la prensa al paulatino pluralismo del debate político fue la introducción progresiva de los nuevos actores políticos en la esfera pública. Durante bastantes meses se empleó a fondo para que los distintos grupos de la oposición democrática, hasta entonces clandestinos o simplemente tolerados, tuviesen voz propia en los importantes asuntos públicos que se estaban ventilando en la España de 1976 y 1977. Se convirtió muchas veces en su principal altavoz a falta de otros cauces eficaces de comunicación con la sociedad.

Sin entrar en todas las razones posibles de tal cambio, el hecho es que su acomodación a la nueva situación estuvo fundada, en buena parte, en un espíritu de realismo político y periodístico y en la convicción de que se abría de forma ineludible una nueva etapa que exigía la colaboración de todos y la inclusión de las fuerzas políticas de izquierda en el juego político. Sólo algunos pocos diarios, como *El Alcázar*, prefirieron mantenerse fieles a los principios ideológicos y políticos del franquismo. El franquismo consideraba a la prensa como colaboradora de los fines del régimen. Esto se produjo mediante un control férreo de su actividad hasta 1966 y luego, mediante instrumentos indirectos de vigilancia.

De forma quizás paradójica, puede afirmarse que durante los primeros años de la Transición también existió una actitud básicamente colaboracionista de la mayoría de la prensa con respecto a los objetivos democratizadores. Pero se registraron dos diferencias esenciales: se realizó de forma voluntaria y, además, los objetivos perseguidos no eran patrimonio de un grupo hegemónico y excluyente sino causa común de la mayoría de los partidos políticos.

A partir de 1979, con la normalización de la vida política y la consiguiente lucha partidista por el poder bajo la Constitución de 1978, ese excepcional «consenso periodístico» desapareció.

LA MESA DE LA HABANA: UN MODELO DE PROCESO DE PAZ

CRISTINA DEL PRADO HIGUERA

Profesora de Historia Contemporánea.
Universidad Rey Juan Carlos

> *«La paz es mucho más difícil que la guerra, pues en la guerra simplemente hay que matar al otro. En la paz tienes que escucharlo y ponerte de acuerdo con él».*
>
> *Gerry Adams*

El Gobierno colombiano no cree que existan condiciones objetivas que justifiquen que alguien empuñe una arma contra otro, pero si considera que hay condiciones en el campo de la pobreza extrema, de falta de oportunidades y de debilidad de las instituciones a la hora de regular la vida pública, que han permitido que la violencia florezca en Colombia durante más de cincuenta años[1], es un reto para un historiador reflexionar sobre un periodo de tanta incertidumbre y analizar el histórico proceso de paz que trata de

---

[1] Sergio Jaramillo es el Alto Comisionado para la Paz en Colombia. *La Paz Territorial*, conferencia pronunciada el 13 de marzo de 2014, Universidad de Harvard.

terminar con medio siglo de guerra civil en Colombia, «el historiador debe tener perspectiva, leer la existencia en su integridad y prescindir de los análisis fáciles por parciales»[2].

Los resultados del plebiscito del día 2 de octubre de 2016 aunque para muchos de nosotros fueron decepcionantes y eran difíciles de predecir, no dijeron un No a la paz en Colombia, sino a la propuestas presentadas por el gobierno al electorado. Es importante no olvidar que desde el inicio de las conversaciones y hasta la celebración del referéndum se han producido avances cruciales en la implementación del cese completo de hostilidades y esto hace albergar la esperanza de que el proceso sea irreversible, independientemente de las modificaciones que ahora haya que introducir para llegar a un proceso de paz más sólido.

Es incuestionable que Juan Manuel Santos es el presidente que ha hecho el esfuerzo más serio por la paz, llegando a firmar el 26 de septiembre de 2016 en Cartagena de Indias el *Acuerdo Final para la terminación del conflicto y la construcción de una paz estable y duradera,*[3] doscientas noventa y siete páginas redactadas con rigor durante cuatro años en La Habana. No sólo eran una posibilidad de acabar con la guerra, sino que contenían la hoja de ruta para una modernización del país, «porque la paz en Colombia no sólo significa la falta de conflicto armado sino que las personas tengan una vida digna y puedan tener las oportunidades necesarias para desarrollar sus potenciales»[4].

No podemos abordar lo que está significando y significará la resolución de este conflicto armado y lo que han sido las negociaciones de la Mesa de La Habana durante estos cuatro años, dando la espalda al resultado tan ajustado de este plebiscito el 50,2 % votó en contra del acuerdo

[2] SAN MIGUEL PÉREZ, E.: *Deontología Profesional para Historiadores.* Madrid. 2013, p. 89.

[3] *https://www.mesadeconversaciones.com*

[4] RAMOS SUÁREZ, E.: *El Sector de Hidrocarburos en el* proceso de construcción de Paz en Colombia, Boletín Económico de ICE Nº3073, p.1.

de paz frente al 49,7 % que votó por el Sí, con una abstención del 60 %[5], el expresidente Álvaro Uribe justificaba los resultados «la paz es ilusionante los textos de La Habana son decepcionantes»[6].

Algunos juristas consideran que no era necesario para legitimar la paz realizar un plebiscito ya que en Colombia la paz como fundamento de la convivencia nacional ha sido constitucionalizada, según el artículo 22 de la Constitución «la paz es un derecho y un deber de obligatorio cumplimiento», por lo tanto la paz es un derecho fundamental de la persona y conjunta y correlativamente como un deber de la esfera pública, cuya implementación es tarea prioritaria del Estado[7].

Es interesante resaltar que los lugares más afectados por la guerra votaron Sí a la paz frente a las zonas del interior en las que triunfó el No. Según el mapa electoral, la Costa Caribe y Pacífica, Bogotá y departamentos como el Guaviare, Vaupés y Guanía, apoyaron el Sí, mientras que el centro del país votó No. Tenemos algunos ejemplos de zonas muy castigadas por la violencia como Bojayá donde el 95,76 % de la población voto Sí, en San Vicente de Caguán el 62, 9 % y toda la región de Catatumbo voto por el Sí.

Lo que se ha puesto de manifiesto con estos resultados es que en Colombia hay un problema político, una profunda división de la sociedad. Los máximos dirigentes de la guerrilla han insistido que el texto tiene el estatus de *Acuerdo Especial* en los términos del artículo tercero común al Convenio de Ginebra de 1949 y además uno de los siete ejemplares originales firmados fue depositado ante el Consejo Federal Suizo en Berna, lo que le da un innegable e irrevocable efecto jurídico.

El *Instituto KROC. For International Peace Studies* de la Universidad de Notre Dame, viene desde hace varios años

[5] *El Tiempo,* 3 de octubre de 2016.

[6] *Semana,* 4 de octubre de 2016.

[7] Constitución Política de Colombia 1991.

realizando un detallado estudio comparativo sobre treinta y cuatro procesos de paz alcanzados en el mundo desde 1988 hasta el momento actual, incluyendo el colombiano. El objetivo del estudio es intentar determinar los elementos que en los acuerdos de paz permiten reducir al máximo el riesgo de volver a un conflicto, en este trabajo se ha señalado que el acuerdo alcanzado en Colombia es el mejor y más integral de los analizados. Resaltando no sólo que el acuerdo contempla una serie de elementos esenciales para el desarrollo rural, los derechos de las víctimas, la justicia y los derechos humanos. Destacan igualmente como un elemento muy positivo que no se incluyera en él a diferencia de en la gran mayoría de otros acuerdos estudiados reformas en las Fuerzas Militares y en la Policía[8].

Para ayudar a entender la resolución del conflicto armado colombiano hay que preguntarse previamente algunas cuestiones de gran interés entre ellas ¿Por qué el Presidente Juan Manuel Santos ha conseguido cerrar el ciclo de guerra y llegar tan lejos en el proceso de paz? Y no lo consiguieron los presidentes Andrés Pastrana, Belisario Bentancur, César Gaviría o Álvaro Uribe, a pesar de que hicieron auténticos esfuerzos por construir la paz.

Aunque el relato de este proceso de paz lo hemos empezado por final, como si fuese la crónica de un fracaso anunciado, como escribiría Gabriel García Márquez[9], uno de los colombianos que más trabajó por la paz de una forma discreta y continua a lo largo de toda su vida «llevo conspirando por la paz en Colombia casi desde que nací»[10] y sin embargo no vivió para contarlo, es imposible entender y explicar el éxito o fracaso del mismo según como se mire, sino comenzamos desde los orígenes del conflicto.

---

[8] http:/www./kroc.nd.edu/

[9] *Semana*, 27 de septiembre de 2016.

[10] *El País*, 5 octubre de 2005.

I. BREVE APROXIMACIÓN AL CONTEXTO COLOMBIANO

Es fundamental para entender un conflicto tan complejo como es el colombiano hacer una contextualización o análisis del mismo ¿por qué surgió? y ¿por qué ha podido mantenerse durante tantos años vivo? ¿cómo empieza el conflicto?

Se trata de un conflicto que se desarrolló en la década de los años sesenta y las principales causas estructurales que hicieron estallar esta lucha fueron un gran número de elementos, entre ellos el eterno problema de la posesión de tierras en el país, las diferencias económicas entre la población, la industria del narcotráfico, la debilidad del Estado[11], la incapacidad de crear una identidad nacional, la injusticia social...

En estos años el poder político se sustentaba en un bipartidismo (liberales y conservadores) cuyo único objetivo era la estabilidad del poder y la represión de los conflictos sociales, en las zonas rurales comienza a gestarse un sentimiento de lucha con base ideológica marxista-leninista muy cercana al régimen cubano, además surgen algunos grupos insurgentes, las guerrillas, que pronto comienzan a diseminarse y multiplicarse por todo el país, aunque en la actualidad son muchas las fracciones las más destacadas a lo largo de la historia han sido las Fuerzas Armadas Revolucionarias de Colombia (FARC) y el Ejército de Liberación Nacional (ELN).

Las FARC rápidamente encontró oposición ideológica y discrepancia absoluta con el gobierno, pronto surgirá un nuevo agente que marcará la historia tanto de los grupos guerrilleros como de todo el país, los grupos paramilitares, grupos armados de ideología fascista, organizados al margen de la ley y que desde su nacimiento su principal objetivo era terminar con los grupos de extrema izquierda. Todo

---

[11] BECCASSINO, A.: *El laberinto de la Paz*. Bogotá. 2015, p.89.

este proceso hizo caer a Colombia en uno de los más importantes conflictos armados de la historia de Latinoamérica[12].

El nacimiento y fortalecimiento de estas guerrillas campesinas supuso un gran desafío para el Estado colombiano en términos de costes humanos, económicos, políticos y sociales. Las repercusiones del conflicto armado en el país obligaron a los gobiernos durante los últimos cincuenta años, a buscar soluciones de distinta índole (combate militar, diálogo, publicidad disuasiva...), soluciones que varían en su naturaleza y estrategia dependiendo del gobernante de turno y su agenda política. Sin embargo, al día de hoy, dichas soluciones no han sido exitosas puesto que las actuaciones violentas de estos grupos en contra del Estado y de la población civil, si bien reducidas en gran número, han persistido[13].

Bajo el mandato del expresidente Álvaro Uribe (2002-2010) y su política de seguridad democrática, las guerrillas del país fueron objeto de duros ataques prolongados durante un periodo de ocho años, lo que redujo considerablemente su capacidad de combate y los puso por primera vez en muchos años en una posición de relativa debilidad, que trajo como consecuencia para algunos de ellos la necesidad de buscar una salida negociada al conflicto en el que por tantos años habían participado.

En el año 2000, las FARC contaban con 16.000 hombres en armas, hoy no llegan a los 7.000 hombres[14]. Por otro lado, el número de desmovilizados individuales de las guerrillas es de 21.342[15]. Así mismo, el éxito de Uribe de «alejar a las guerrillas de los núcleos urbanos, de las carre-

[12] MACKENZIE, E.: *Las FARC: el fracaso de un terrorismo*. Bogotá. 2007, p. 25.

[13] GIRALDO RAMÍREZ, J.: *Las ideas de la guerra. Justificación y crítica en la Colombia contemporánea*. 2015, p. 123.

[14] LLOREDA, F.: *Un porcentaje de los desmovilizados de las FARC se reciclará en la criminalidad. Entrevistador*, 28 de noviembre de 2013.

[15] Universidad Nacional de Colombia. *Observatorio de Proceso de Desarme, Desmovilización y Reintegración*. 7 de Agosto de 2002-Junio 30 de 2012.

teras y de los centros productivos obligó a las FARC a refugiarse en las selvas del sur del país»[16], lo que ayudó a su debilitamiento aunque no a su erradicación.

Esta nueva situación, junto con la llegada de Juan Manuel Santos a la Presidencia de la República, generó el ambiente propicio para una vez más buscar una salida consensuada al conflicto armado. Tanto el gobierno como la guerrilla de las FARC han aprovechado esta oportunidad para entablar un diálogo del que no hay marcha atrás. Las negociaciones previas a la Mesa de La Habana comenzaron en el año 2012 en Venezuela de forma informal, por las buenas relaciones que tenía el presidente Hugo Chávez con los miembros de la guerrilla, posteriormente se trasladaron a Noruega y el 28 de Agosto de 2012, el presidente Juan Manuel Santos anunció el comienzo de las negociaciones de paz con las FARC. Unas negociaciones que estamos seguros que cuando se publique este artículo habrán terminado.

II. ¿QUÉ ES UN PROCESO DE PAZ?

«Un proceso de paz es un esfuerzo para lograr un acuerdo que ponga fin a la violencia, así como para implementarlo, mediante negociaciones que pueden requerir la mediación de terceros»[17]. Con esta definición inicial quiero destacar la idea de que un proceso de paz no es un momento puntual, sino un conjunto de fases o etapas repartidas en el tiempo, en las que intervienen todos los actores afectados, en un esfuerzo colectivo por alcanzar, en un momento determinado, acuerdos que posibiliten acabar con la situación anterior, dominada por la violencia y el enfrentamiento armado, para dar paso, mediante el diálogo y el

---

[16] LEÓN, J.: *Las promesas cumplidas de Uribe*. Obtenido de La Silla Vacía: 4 de julio de 2012.

[17] FISAS, V.: *Procesos de paz y negociación en conflictos armados*. Barcelona.2004, pp.125-128.

consenso, a pactos o acuerdos que pongan fin a la violencia física, e iniciar, mediante la implementación de los acuerdos, una nueva etapa de progreso y desarrollo que permita superar igualmente las violencias estructurales que propiciaron el surgimiento del conflicto.

En este sentido, hay procesos que han logrado materializarse y otros que se han quedado con las intenciones y se han malogrado en el camino, precisamente, porque no han sido capaces de implementar lo acordado, generando una enorme frustración ya que no han cumplido con las expectativas creadas. Algunos países de Centroamérica han sido testigo de ello, es frecuente constatar el surgimiento de nuevas violencias comunes, desvinculadas de la violencia política del pasado, que pueden ocasionar un número de víctimas igual o superior al que se produjo durante la etapa de confrontación armada. Las condiciones mínimas para entrar en un proceso de paz son: reconocimiento de los interlocutores, seguridad, garantías, acuerdo sobre el metaconflicto, disposición a ceder algo, voluntad de construir, posibilidad de ganar algo, saber explicarlo, disponer de facilitadores y dar la palabra al pueblo[18].

Todos los procesos de paz tienen unos riesgos habituales que en la Mesa de La Habana se ha intentado desde el primer momento abordar para que no se produjeran entre los que se encuentran: falta de convicción de los actores, falta de apoyos externos, existencia de una mediación forzada, exceso de expectativas, surgimiento de violencias y disidencias, incumplimiento del alto el fuego, existencia de numerosos actores armados, presencia de vecinos hostiles, intereses económicos vinculados a la continuación del conflicto.

Un proceso de paz está lleno de incertidumbres y de problemas, y la posibilidad de fracaso o de ruptura temporal es más que probable. Por ello, no es bueno crear de

---

[18] FISAS, V.: *Cultura de Paz y gestión de conflictos*. Barcelona. 2002, p.67.

entrada falsas expectativas, porque puede darse una actitud proclive a la frustración ante la primera adversidad. Lo más sensato es tener conciencia de las dificultades intrínsecas del proceso y disponer de las herramientas para superarlas. Un riesgo al que se enfrentan la mayoría de los procesos es el surgimiento de disidencias y divisiones en los grupos que entran en una negociación. Esto se debe a que hay sectores que se han acomodado al conflicto, a la economía de guerra y han encontrado ventajas comparativas.

Otro riesgo a lo largo de la negociación es que haya filtraciones de los acuerdos que se van adoptando, esto sucedió en el proceso del expresidente Andrés Pastrana al ser muy mediático, lo que resultó que su legitimidad no fuera aceptada.[19] Otro factor de riesgo es menospreciar o ignorar los apoyos externos, sean del tipo que sean. Normalmente, se necesita del concurso de mediaciones, de garantes, de verificadores o de incentivadores externos y no es recomendable prescindir de estas aportaciones. Así pues, hay que tener la mente abierta para beneficiarse de estas ayudas, rehuyendo de actitudes de autosuficiencia, con la excusa equivocada de no querer caer en dependencias ajenas. Esa apertura al exterior no debería, en ningún caso, equivaler a la aceptación de mediaciones forzadas, lo que sería otro error. La mediación ha de ser voluntaria nunca impuesta a la fuerza, ya que en ese caso no transcurrirá mucho tiempo en que aparezca la frustración y el rechazo.

En La Habana se ha contado con un gran apoyo internacional, Cuba y Noruega como países garantes, cumpliendo el papel de testigos pudiendo ser llamados a intervenir en el proceso cuando las partes así lo requieran, de lo contrario, su único rol es testificar las negociaciones, los países acompañantes han sido Chile y Venezuela y también han contado con el apoyo de Naciones Unidas, Estados Unidos y la Unión Europea.

---

[19] *Los procesos de paz en Colombia* .*Caracol*. 27 de agosto de 2012.

III. TIEMPOS DE LOS PROCESOS DE PAZ

Los procesos de paz rara vez se producen en cortos espacios de tiempo, lo normal es que duren varios años tal y como aconteció en los procesos de Guatemala e Irlanda del Norte. De los primeros contactos exploratorios a la firma de un acuerdo final transcurre mucho tiempo y entre tanto se intenta consolidar un proceso negociador, con rondas de diálogo, posibles altos el fuego y conversaciones bilaterales. Tenemos algunos ejemplos como los quince años que duraron las conversaciones en Filipinas con el MILF, los diez años en Sri Lanka con el LTTE, once en Sudán con el SPLA...[20].

En La Habana aunque las negociaciones se han dilatado mucho, desde el principio había establecida una dinámica de negociación que ha ido evolucionando según los temas que se iban abordando. Cada ciclo ha durado aproximadamente doce días, de los cuales trabajaban once y descansaban uno. En realidad, en ese día de intermedio se hacían reuniones, se preparaban documentos, se leía y escuchaba a invitados especiales. Las sesiones comenzaban entre las ocho y media o nueve de la mañana, se realizaba un receso para almorzar y se reiniciaba el trabajo hasta última hora de la tarde. En la Mesa se han sentado siguiendo el protocolo negociadores del gobierno y negociadores de las FARC. Pocas veces había Mesa plena, pues cada vez más se trabajaba en subcomisiones. Era la forma más efectiva de avanzar en los temas, lo más novedoso en estas negociaciones ha sido la creación de estas subcomisiones con especialistas en cada una de las materias.

Una de las más importantes establecidas fue la de Género, el gobierno comprendió que era necesario la regulación y presencia de las mujeres en la Mesa de Negociación por lo que decidió introducir el 7 de septiembre de 2014 la Subcomisión de Genero de la Mesa de La Habana[21], tras

---

[20] MITCHELL, C.: *Gestures of Conciliation*. Hampshire. 2000, p.67.

[21] PALACIOS, C.: *Perdonar lo imperdonable*. Bogotá. 2015, pp.120-124.

prolongados esfuerzos de Victoria Sandino por parte de las FARC y de María Paulina Rivero por parte del gobierno consiguieron implantar el enfoque de género en algunos temas como en la reforma rural, participación política, solución al problema de drogas ilícitas, delitos sexuales...la creación de esta subcomisión ha sido uno de los aspectos más criticados por los partidarios del No, ya que se presentó únicamente como ideología de género.

Los representantes plenipotenciarios han trabajado para avanzar más rápido, en grupos de dos en dos, tres en tres o cuatro en cuatro; con miembros de un lado y otro, donde se preacordaban aspectos que luego se llevaban al pleno de la Mesa. La redacción de cada uno de los acuerdos ha sido lo más difícil y crítico de realizar, estando a cargo casi siempre, de Sergio Jaramillo por parte del gobierno y de Jesús Santrich, por parte de las FARC, abogado y filólogo han discutido cada palabra, cada concepto, para que nada quedase al azar.

La realización de una ronda de negociaciones requiere de toda una infraestructura de apoyo para que puedan perpetrarse correctamente, en la que detalles aparentemente sin importancia, juegan un papel determinante para que los delegados que participan en ella se sientan cómodos y para entablar las conversaciones que se requieren. Aunque al principio La Habana no se pensaba que fuese el escenario más idóneo para las negociaciones ya que eran un lugar favorable a la guerrilla, son incuestionables las ventajas que ha presentado a la hora de la negociación: el prestigio de su diplomacia, el hermetismo de un régimen de partido único, la cercanía con Colombia, la seguridad para las FARC, además para Cuba era una apuesta diplomática en su apertura internacional permitiendo el inicio de un diálogo político con la Unión Europea y el restablecimiento de las relaciones con Estados Unidos. No era la primera vez que la isla era escenario de un proceso de paz, el gobierno de Álvaro Uribe en 2005 lo intento con unas negociaciones con el ejército de Liberación Nacional (ELN) pero no dieron el resultado esperado.

Gobierno y guerrilla se han alojado en El Laguito, un lujoso complejo de cien mansiones donde vivían millonarios cubanos y extranjeros en la época del dictador Fulgencio Batista, hoy convertido en casas de protocolo para diplomáticos, mientras que las reuniones han tenido lugar en el Palacio de Exposiciones y Congresos de La Habana. Las delegaciones de las FARC y del gobierno se han ido ampliando según los temas que se abordaban[22].

Para iniciar un proceso de paz es premisa fundamental reconocer que estamos frente a un conflicto armado, el partido Centro Democrático y el resto de la oposición no consideran que haya existido a lo largo de todos estos años una guerra en Colombia, por lo que para ellos no hay que llegar a un acuerdo de paz, se trata de una lucha contra el terrorismo y por lo tanto no aceptan aplicar entre otras medidas la justicia transicional. Lo preocupante de todo esto es que tales discursos son viejos argumentos que nunca llevaron a buen puerto a ninguno de los anteriores presidentes.

Vicenç Fisas[23] define conflicto armado «como todo enfrentamiento protagonizado por grupos de diversa índole, tales como fuerza militares regulares o irregulares, grupos armados de oposición, grupos paramilitares o comunidades étnicas o religiosas que con armas u otros medios de destrucción y organizados provocan más de cien víctimas en un año a través de actos intencionados sea cual sea su justificación».

En Colombia este conflicto armado ha provocado más de 220.00 homicidios de los cuales más del 80 % de los mismos han recaído en la población civil, 6,7 millones de desplazados, 74.000 víctimas de ataques a poblaciones, 45.000 víctimas de desaparición forzosa, 30.000 víctimas de secuestro…[24]Todo esto sucedía en un país que es considerado la democracia más antigua de Latinoamérica, que sus institu-

[22] *El Tiempo*, 7 de octubre de 2016.

[23] FISAS, V.: *Procesos de paz y negociación en conflictos armados*. 2004. Barcelona, p. 99.

[24] *El País*. Especial Colombia 2 de octubre de 2016.

ciones se han desarrollado de manera democrática y que han elegido a todos sus presidentes mediante votación popular.

Aunque la estrategia de paz más sabia sea la preventiva no siempre se puede llegar a conseguirlo, la principal característica de los conflictos armados actuales es que son de carácter interno, y en ellos participan un gran número de actores: guerrilla, paramilitares, narcotraficantes, clanes armados...que hacen muy complicado gestionarlo, en el caso de Colombia aunque ha habido a lo largo de la historia más de diez procesos de paz desde los años cincuenta todos han sido fallidos[25].

IV. MODELOS DE PROCESOS DE PAZ

¿Qué lecciones deberían haberse aprendido de todos y cada uno de estos procesos de paz? ¿Qué ha sido exitoso y qué no? ¿Qué ha permitido tener resultados? el presidente Juan Manuel Santos después del plebiscito del día 2 de octubre de 2016 estamos seguros que ha sacado algunas reflexiones del mismo entre ellas:[26]

- La primera lección es que han tenido éxito los gobiernos que han contado con una amplia legitimidad y apoyo político. No han tenido ningún éxito los gobiernos débiles en términos de legitimidad interna.
- Segunda lección es la cohesión interna e involucrar a las fuerzas militares en los procesos de paz. Los gobiernos en los cuales se han presentado rupturas entre el gobierno civil y las fuerzas militares han tenido resultados lamentables, porque las fuerzas mi-

---

[25] GARAY, L.: *Repasar a Colombia: Hacia un nuevo contrato social.* Bogotá. 2011, p. 45.

[26] PIZARRO, E.: *Evolución de los Procesos y Diálogos de Paz en Colombia.* Bogotá. 2012, p, 7.

litares se han convertido en un escollo para los procesos de negociación.

- Tercera lección que nos deja la experiencia colombiana es la necesidad de que haya continuidad en estos procesos de paz. Todos los gobiernos, desde Betancur hasta Pastrana, tenían dos etapas: la de negociación de paz y la de guerra integral. Todos comenzaban con negociaciones de paz y todos terminaban con enfrentamientos con la guerrilla.
- Cuarta lección que nos dejan los procesos de paz exitosos es la importancia de una estrategia de negociación estructurada: participación de un equipo de altísimo nivel aceptado por todos los actores de la negociación, temas de la agenda de negociación, tiempos de negociación, lugar de la negociación, tener previsto lo que el Estado estaba dispuesto a concertar y qué no estaba dispuesto a concertar. El lema de la Mesa de La Habana ha sido «nada está acordado hasta que todo esté acordado».
- Quinta lección aprendida es que para el éxito de las negociaciones es fundamental que se adelante en medio de un cese de hostilidades, de acciones militares, llámense treguas o cese al fuego. Las negociaciones que se han hecho en medio de la guerra, como el caso de las de Caguán, donde la única tregua era la zona de distensión pero por fuera de la zona de distensión las FARC actuaban militarmente, generaron escepticismo en la opinión pública.
- La sexta gran lección que sacamos de la experiencia de otros procesos de paz es que ha habido negociaciones con agenda abierta y negociaciones con agenda acotada, las negociaciones con agendas acotadas, con elementos definidos y pactados de antemano, condujeron al éxito de los procesos de paz al igual que aquellas que tuvieron una coyuntura reformista.

- La séptima lección es el papel fundamental que juega la comunidad internacional, es importante definirlo previamente antes de comenzar las negociaciones. Fisas considera que «una mediación internacional mal diseñada puede ser desastrosa, mientras que una participación de la comunidad internacional bien diseñada puede ser enormemente exitosa»[27].
- La octava lección que nos deja la experiencia colombiana, es la necesidad en un proceso de paz de contar con la opinión de los diversos grupos nacionales, como la Iglesia Católica, Protestante y Evangélica, el Consejo Nacional de Reconciliación, entre otras organizaciones. Aunque no se pueden convertir en actores directos del proceso de negociación porque la negociación debe ser entre la guerrilla y el Estado, se tiene que tener en cuenta sus puntos de vista, tras el plebiscito del 2 de octubre de 2016, el presidente Santos se reunió con catorce pastores de diferentes creencias en la Casa de Nariño[28]. Estas comunidades son un fenómeno de masas en Colombia, y el plebiscito demostró que su disciplina y unidad pueden pesar mucho en las votaciones, son más de diez millones de creyentes, cuentan con una profusa red de medios,(emisoras de radio, programas televisivos, páginas web...) y más de dos millones de evangélicos votaron No en el plebiscito.
- La última lección y más importante aprendida es que no se puede realizar un plebiscito tan cercano a la firma del *Acuerdo Final*, según el historiador colombiano Marcos Palacio[29] no hubo pedagogía para reflexionar lo pactado, en Irlanda del Norte tras los acuerdos del Viernes Santo trascurrió cerca de un año hasta que se hizo la votación, además el *Acuerdo*

[27] FISAS, V. *Op.cit.* p. 25.

[28] *El Mundo* 13 de noviembre de 2016.

[29] *Semana* 8 de octubre de 2016.

Final del IRA no es comparable con el colombiano porque éste era más preciso, inclusivo y pactado que el de las FARC.

V. CONCLUSIONES

El presidente Juan Manuel Santos después de aceptar y analizar el resultado del plebiscito del día 2 de octubre, ha rehecho la hoja de ruta de este proceso de paz con el único objetivo de conseguir que antes del 31 de diciembre de 2016 se firme un nuevo *Acuerdo de Paz* entre el gobierno y las FARC pero en esta ocasión consensuado por toda la sociedad colombiana, su prioridad ha sido dar voz a todos los opositores del No, entre los que se encuentran Andrés Pastrana, el exprocurador Alejandro Ordoñez, Marta Lucía Ramírez, Álvaro Uribe, Fundación Víctimas Visibles, diferentes agrupaciones religiosas y la Federación Colombiana de Víctimas de las FARC (FEVCOL), se han recogido más de cuatrocientas cincuenta propuestas que el equipo negociador con Humberto de la Calle como jefe del equipo negociador y plenipotenciario ha clasificado de viables, difíciles pero no imposibles e inviables, entre las que se encuentran: anulación de la jurisdicción para la paz, elegibilidad política, blindaje jurídico y recalificación de las penas impuestas.

Con todas estas propuestas el equipo negociador del gobierno regresó a La Habana el 28 de octubre de 2016 para volver a reunirse con las FARC con el único objetivo de retornar a Colombia con un acuerdo cerrado, después de semanas de negociaciones el sábado 12 de noviembre las FARC y el gobierno han llegado a un nuevo acuerdo para la paz en el que se recoge cincuenta y seis de las propuestas planteadas entre las que se encuentran: la Jurisdicción para la paz tendrá una duración máxima de diez años, los guerrilleros pierden privilegios y financiación en su participación en política, entregaran la lista de todos sus bienes durante el periodo de dejación de las armas… en definitiva en este nuevo acuerdo todo parece estar más detallado, se concretan cuestiones que antes quedaban a la libre interpretación y es más pedagógico. Ahora deberá ser estudiado por todos los «voceros del No» y las víctimas antes de ser firmado definitivamente.

El siguiente paso será conocer cómo se refrenda e implementa lo acordado, pero esto lo dejamos para ser analizado en un próximo artículo, lo más importante es saber que estamos más cerca de consolidar la paz en Colombia.

REFLEXIONES SOBRE GÉNERO-VIOLENCIAS EN SITUACIONES DE CONFLICTO Y POSCONFLICTO ARMADO, DESDE UNA PERSPECTIVA DE GÉNERO NO BINARIA

ELENA PERIBÁÑEZ BLASCO

Oficina de Derechos Humanos de la URJC
Universidad Rey Juan Carlos
elena.peribanez@urjc.es

A MODO DE INTRODUCCIÓN: TIEMPOS DE MIEDO, VIOLENCIAS Y *PÁNICOS MORALES*

En tanto que existan conflictos armados en el mundo tendremos que difundir en todos los foros posibles lo que ha pasado y lo que sigue sucediendo. De forma insistente, que no novedosa, debemos tratar de visibilizar las distintas formas de violencia que no debieron ejercerse, admitir que el fenómeno existe y atenta contra la dignidad humana, y por ende contra los derechos humanos; así como de reflexionar sobre sus causas, las secuelas, las formas de prevención y mitigación, y de los riesgos que existen de repetición de unos hechos que han permanecido intencionalmente silentes.

El ideal sería que no se diese ningún caso de guerra, que ese tipo de «incidentes» fueran asuntos del pasado, pero la realidad nos muestra que actualmente en el mundo hay una serie de situaciones bélicas que escapan al concepto de *guerra convencional*, en la cual la contienda es, o era, entre dos o más ejércitos intentando dejar a un lado a la población civil; más aún, en el presente raras veces se habla de guerras sino de conflictos armados[1].

En las llamadas *nuevas guerras*[2], evolucionan las armas, cambian los actores, los escenarios y, ante todo, se produce una nueva dimensión de lo que acontece a las víctimas. La guerra cambia en sus formas. El conflicto evoluciona tal y como se transforma el mundo geopolítico y las tecnologías, y los medios y las redes sociales nos lo sirven cada día en directo, pero según su conveniencia e intereses mediáticos. El foco de atención se pone sobre lo más inmediato; y así, lo que aconteció la semana pasada puede desaparecer para siempre de nuestra vista, por ensalmo, aunque sus consecuencias sean hoy más peligrosas para las victimas y el ries-

---

[1] «Los conflictos armados incluyen todos los conflictos entre dos partes que recurren al uso de la fuerza para resolver la incompatibilidad que les enfrenta, de las cuales al menos una es un gobierno de un Estado y que provocan al menos 25 muertes en un año. Combinando la tipología del SIPRI con la del UDCP, estos pueden subdividirse en interestatales, internos e internos internacionalizados. Esta última categoría incluye a su vez dos subcategorías: los conflictos vinculados a la «guerra global contra el terror» liderados por los Estados Unidos y los casos de intervención de un gobierno en los conflictos internos de países vecinos. Los conflictos no estatales son aquellos que implican solo a actores no estatales que pueden estar organizados formal o informalmente. Los conflictos no estatales a su vez incluyen tres subcategorías atendiendo al nivel de formalización de los grupos implicados: conflictos entre grupos formalmente organizados (como grupos insurgentes o rebeldes), conflictos entre partidarios o afiliados a partidos políticos o a candidatos informalmente organizados y conflictos entre grupos informales que comparten signos de identidad étnica, religiosa, nacional o tribal. La violencia unilateral se refiere a las situaciones en las que un Estado o un grupo organizado ejercen intencionadamente la violencia contra civiles». GARCÍA, Caterina. «Las 'nuevas guerras' del siglo XXI. Tendencias de la conflictividad armada contemporánea». *Working Papers*, 323. Intitut de Ciènces Polítiques i Socials. Barcelona 2013. Nota al pié 4.

[2] *Vid.* KALDOR, Mary. *Las nuevas guerras. Violencia organizada en la era global.* Tusquets. Barcelona, 2001. MÜNKLER, Herfried. «Las guerras del siglo XXI», *Revista Internacional de la Cruz Roja,* 2002, disponible en: www.icrc.org. DUFFIELD, Mark. *Las nuevas guerras en el mundo global: la convergencia entre desarrollo y seguridad.* Catarata. Madrid, 2004.

go de trauma permanente mayor. Tal y como apunta Baumann:

> Todas las indignidades morales no solo son cada vez menos noticia, sino que salen cada vez menos 'en las noticias'. Y es que, por desgracia, el destino de las grandes conmociones es terminar convertidas en la monótona rutina de la normalidad, y el de los *pánicos morales* es consumirse y desvanecerse de nuestra vista y de las conciencias, envueltos en el velo del olvido[3].

De ahí la necesidad periódica de volver a decir lo que otros ya contaron, y tratar de reflexionar unos instantes sobre lo que sucede a nuestro alrededor, más allá de la noticia perecedera en este mundo globalizado.

1. SOBRE LAS VIOLENCIAS POR GÉNERO EN CONFLICTO

El cambio de paradigma bélico de los conflictos armados contemporáneos quedo expuesto en los Balcanes y en Ruanda, donde la proporción de víctimas civiles —en relación a los heridos y muertos militares y paramilitares— junto con el número de personas desplazadas no tenía parangón[4]. Y es que respecto al tema que nos atañe, el binomio género-violencias, debemos añadir, o más bien recriminar, que pese al numeroso cuerpo de normas y convenios internacionales elaborados en aras a proteger a la población civil —víctima pasiva de las situaciones de conflicto—, la evidencia muestra cómo las poblaciones civiles, y muy particularmente las mujeres y las niñas, son *usadas* como arma de guerra u *objeto* al servicio de las distintas necesidades de algunos contendientes y fines, desde servicios sexuales a la obtención de recursos económicos, ejerciendo estas

[3] BAUMANN, Z. *Extraños llamando a la puerta*. Paidós Estado y Sociedad. Barcelona, 2016. p. 10. La cursiva es nuestra.

[4] *Opus cit.* GARCÍA, C. «Las 'nuevas guerras' ... p. 7.

violencias de forma cada vez más cruel hasta llegar al sadismo[5].

Sin embargo, el foco de atención internacional sobre las violencias ejercidas contra mujeres en situaciones de conflicto es anterior a los dos conflictos mencionados. Ya en 1985, Naciones Unidas convocó al primer grupo de trabajo sobre mujeres refugiadas, para abordar la cuestión de las violencias ejercidas contra ellas durante su especial situación de desplazamiento y posconflicto. No obstante, nadie duda de que hay un antes y un después de que se tuviera conocimiento de «las detenciones y violaciones sistemáticas, masivas y organizadas de mujeres, en particular de mujeres musulmanas en Bosnia y Herzegovina»[6]. Y es que en el intervalo de tan sólo tres años, 1992 a 1995, Naciones Unidas cifró la cantidad de mujeres víctimas de *violencia por motivos de género*[7] en 60.000 en la antigua Yugoslavia; y du-

[5] ODIO BENITO, E. «De la violación y otras graves agresiones a la integridad sexual como crímenes sancionados por el derecho internacional humanitario (crímenes de guerra)». *Órgano Informativo de la Comisión de Derechos Humanos del Estado de México* (Codhem), Mayo/Jun. 2001, pp. 98-112.

[6] Consejo de Seguridad de las Naciones Unidas, 18 de diciembre de 1992.

[7] A principios de este siglo, el Consorcio para la Respuesta de Salud Reproductiva en Situaciones de Conflicto, comúnmente conocido por sus siglas en inglés RHRC, empezó a abogar por el uso del término «violencia por motivos de género» (VPG) o «violencia de género» (VG), en lugar del otro término ampliamente utilizado de «violencia contra la mujer» o «violencia sexual y por motivos de género» promovido por la CEDAW, para dejar claro que la violencia sexual es un componente de la violencia por motivos de género y no algo diferenciado, y que también afecta a hombres, sobre todo la violencia sexual en situaciones de conflicto. Para RHRC, VG es «un término general que designa todo acto lesivo perpetrado contra la voluntad de una persona y que está basado en diferencias de carácter social (género) entre hombres y mujeres. Comprende los actos que tienen como resultado un daño o sufrimiento físico, sexual o psicológico; así como las amenazas de tales actos, la coacción y otras privaciones de libertad», ya sean cometidos en público o en privado. WARD, J. *If Not Now, When? Addressing Gender-based Violence in Refugee, Internally Displaced, and Post-conflict Settings. A Gloval Overview.* RHRC. 2002, p. 8-9. En tanto que la Declaración sobre la Eliminación de la Violencia contra la Mujer de las Naciones Unidas define la «violencia contra la mujer» como «todo acto

rante el genocidio de Ruanda de 1994, en tan sólo tres meses, la horquilla de mujeres violadas y muertas abarcó la impresionante cifra de entre 100.000 y 250.000, sin que se haya podido precisar mas[8].

Como señala Herfried Münkler, hay una «sexualización extensiva de la violencia [que] es observable en prácticamente todas las nuevas guerras»[9], y afecta tanto a mujeres y niñas parte de la sociedad civil de esas zonas de conflicto/posconflicto, como a mujeres combatientes (militares y guerrilleras). Nos advierte Rita Segato que:

> La agresión sexual pasa a ocupar una posición central como arma de guerra productora de crueldad y letalidad, dentro de una forma de daño letal que es simultáneamente material y moral. La impresión que emerge de ese nuevo accionar bélico es que la agresión, la dominación y la rapiña sexual ya no son, como fueron anteriormente, complementos de la guerra, daños colaterales, sino que han adquirido centralidad en la estrategia bélica[10].

---

de violencia basado en la pertenencia al sexo femenino que tenga o pueda tener como resultado un daño o sufrimiento físico, sexual o sicológico para la mujer», definición esta que algunas organizaciones y expertos emplean como equivalente a «violencia de género», entendiendo que género=mujer, en un intento de enfatizar la mayor incidencia, cuantitativa y cualitativa, de esta violencia sobre las mujeres.

[8] No se trata de dar un listado exhaustivo de cifras, tan sólo de hacerse una idea de la magnitud de lo que estamos hablando, sucesos que han acaecido en los distintos continentes. Además de lo descrito en Bosnia-Herzegovina y Ruanda, los datos publicados en otros conflictos son igualmente estremecedores: Nicaragua, Sierra Leona, Perú, Liberia, Birmania, República Democrática del Congo, Colombia, Sri Lanka, Somalia, Sudán, Yemen ... Cfr. IRIN. *Broken Bodies, Broken Dreams: Violence Against Women Exposed.* UN, 2006. OCHA-IRIN. *The Shame of War.* UN. 2007. LEATHERMAN, J.L. *Sexual Violence and Armed Conflict.* Polity Press, Malden-USA. 2014.

[9] MÜNKLER, H. *Asimetría y privatización de la violencia.* Siglo XXI de España Editores, Madrid. 2005, p. 86.

[10] SEGATO, R.L. «Las nuevas formas de la guerra y el cuerpo de las mujeres». Soc. estado. vol.29 no.2 Brasilia, Mayo/Agosto, 2014. [En línea] http://dx.doi.org/10.1590/S0102-69922014000200003 [30.11.2016].

Antaño, como sucedía con otros *daños colaterales*, «raras veces el drama de la mujer en la guerra ha tenido algún interés y seguimiento en la narración de la historia de los conflictos»[11], siendo ignorado o silenciado. Ahora bien, estas agresiones, estas violencias, han dejado de ser *daños colaterales* o violencias *oportunistas*[12], para ser parte de la estrategia bélica dado que los daños colaterales se refieren a efectos que, o bien no fueron tomados en cuenta cuando se planeo la acción bélica, o bien se consideró que el riesgo merecía la pena. No obstante, hay algo de *colateral* en estas acciones de violencia ejercidas por motivo de género en el sentido *baumanniano* de que: «el pensamiento que se rige por los daños colaterales supone, de forma tácita, una *desigualdad ya existente* de derechos y oportunidades»[13]. Es ahí donde encontramos algunas de las raíces que nutren el problema: las desigualdades.

La violencia, o como preferimos decir *las violencias*, que se exacerban en tiempo de conflicto suelen ser consecuencia directa de la discriminación y persistencia de las desigualdades existentes anteriormente. Y es que las formas de violencia son muchas y raras veces se ejerce una sola forma. Además, se trata de «un fenómeno sumamente difuso y complejo», puesto que en algunos casos «es una cuestión de apreciación» y lo que para unas personas no es violencia sino un comportamiento aceptable, para otras no lo es, puesto que es una noción que «está influida por la cultura y sometida a una continua revisión a medida que los valores

---

[11] ZAPICO BARBEITO, M. «Género y conflicto armado: causas y consecuencias de la victimización de la mujer en la guerra», ponencia en la Comisión 10 «Derecho, género y sexualidad», X Congreso Nacional de Sociología Política, Córdoba-Argentina, noviembre 2009, p. 2.

[12] Al contrario de lo que sucede en el caso de su uso como parte de la estrategia, las violencias de carácter oportunista son ejercidas por algunos de los actores armados porque para ellos la victima ha sido cosificada, o en el imaginario colectivo al ser considerada inferior, puede ser objeto de apropiación y uso a conveniencia.

[13] BAUMANN, Z. Daños Colaterales. Desigualdades sociales en la era global. Madrid: FCE, 2011, pp. 13-14. La cursiva es del autor.

y las normas sociales evolucionan» [14]. No solo las normas cambian, también los medios. Así, ¿cómo podíamos imaginar hace tan sólo una década de que hoy podríamos estar hablando sobre *ciberviolencia* o de *ciberodio*? No obstante, hay una definición de violencia ampliamente aceptada (la establecida en 2002 por la Organización Mundial de la Salud, OMS), que definió la violencia desde un punto de vista exclusivamente de salud como:

> /.../el uso deliberado de la fuerza física o el poder, ya sea en grado de amenaza o efectivo, contra uno mismo, otra persona o un grupo o comunidad, que cause o tenga muchas probabilidades de causar lesiones, muerte, daños psicológicos, trastornos del desarrollo o privaciones[15].

Las violencias motivadas por género son una pandemia y en situaciones de conflicto y posconflicto se ven agravadas en todas sus naturalezas: violencia física, violencia sexual, violencia psicológica y violencia basada en privaciones o desatención. Bien es cierto, que en las últimas décadas, tal y como ya hemos apuntado, la violencia sexual se ha incrementado notablemente en los conflictos por su uso y efecto «estratégico o táctico». Aunque rara vez podríamos decir que se ejerce «solo» violencia de esta naturaleza, sino que suele acompañarse de las otras, de tal suerte que la violencia se ha convertido en la mayor causa de muerte, enfermedad y discapacidad a nivel mundial; principalmente en el Sudeste Asiático, zona Este del Mediterráneo y África donde se dan los más altos índices de prevalencia[16].

---

[14] OMS. *Informe Mundial sobre la violencia y la salud*. OPS-OMS. Washington, D.C. 2002, p. 4.

[15] *Ibíd*. p. 5.

[16] Así lo expone la OMS en su Informe de 2014 sobre la Violencia, señalando que en la mayor parte de los casos se trata de una violencia ejercida por hombres contra mujeres, niñas y niños; con unos porcentajes de prevalencia del 37,7 % en el Sudeste Asiático, del 37 % en la zona Este del Mediterráneo, del 36,6 % en África y del 29,8 % en América. WHO-OMS. *Global Status Report Violence Prevention*. WHO-UNODC-UNDP. 2014, pp. 8-14. Señalar que la prevalencia es una medida de frecuencia usada en

Las **causas** que subyacen en las distintas formas de violencia y generan la victimización de la mujer, son variopintas, pero hay elementos coincidentes en prácticamente todas las situaciones de conflicto y posconflicto: el contexto político, sociocultural y económico. Nadie va a poner en duda de que la violencia ejercida en momentos de conflicto es consecuencia directa de lo que sucede en situaciones de paz y que el conflicto sólo viene a exacerbar la situación de desigualdad, al tiempo que interesadamente refuerza los roles y estereotipos, acrecentando los patrones de violencia preexistentes; principalmente en aquellas sociedades donde las mujeres se enfrentan a conductas patriarcales hay obstáculos estructurales a la formación y acceso laboral, en definitiva, a su empoderamiento para ser consideradas y tratadas *de facto* como iguales.

En el caso de conflicto, su utilidad táctica actúa en ocasiones como causa primaria, en otras como factor coadyuvante. Como «táctica de guerra»[17], el Consejo de Seguridad de las Naciones Unidas vino a señalar que las mujeres y niñas suelen ser objetivo de una violencia sexual que busca humillar y atemorizar con fines concretos, como son los de «dispersar o reasentar por la fuerza a miembros civiles de una comunidad o grupo étnico»[18]; violencias que pueden llegar a ser catalogadas de crímenes de guerra, crímenes de lesa humanidad o actos inhumanos[19]. Pero si hacemos lec-

epidemiología que señala la proporción de individuos de una población que presentan un determinado trastorno en un momento dado. En este caso, que han sufrido violencia en alguna de sus formas o naturaleza tipificadas en registros de salud durante el periodo de tiempo de un año, 2013.

[17] Táctica de guerra, o parte de un ataque generalizado o sistemático contra la población civil, como se contempla en las Resoluciones S/RES/1820 (2008), de 19 de junio de 2008; y la Resolución S/RES/1960 (2010), de 16 de diciembre de 2010.

[18] S/RES/1820(2008), de 19 de julio de 2008, pp. 1-2.

[19] Cfr. El art. 3 de los Convenios de Ginebra de 1948 y, en particular, el art. 27 del IV Convenio, los art. 75.2b) y 76 del Protocolo adicional I y el art. 4.2.e) del Protocolo adicional II; así como el art. 7.1.g) del Estatuto de Roma de la Corte Penal Internacional donde se recogen como «crimen de

tura atenta de los casos presentados en diversos Informes del Secretario General sobre conflictos armados, y de algunos Relatores Especiales, podremos ampliar la lista de *usos tácticos* de esta y otras formas de violencia.

El **genocidio** es la finalidad más brutal de todos los usos posibles. Así, en el conflicto de Ruanda, además de los asesinatos perpetrados[20], la violencia sexual por motivo de género se utilizó como *arma* para contribuir al genocidio de la población tutsi, quedando numerosas personas con graves secuelas físicas, psicológicas, sexuales y reproductivas, así como enfermedades crónicas[21]. Que la violencia sexual fue empleada como medio para contribuir al genocidio quedó señalado por los tribunales tanto en el conflicto de Ruanda, como en el de Sierra Leona[22], donde esta forma

---

lesa humanidad» actos violencia sexual. Para mejor comprender la interpretación del citado art. 7 del Estatuto de Roma, y la consideración de la violencia sexual como crimen de guerra, crimen de lesa humanidad, crímenes contra la humanidad, o actos inhumanos se recomienda la lectura de: Caso Prosecutor vs Dragoljub Kunarac, Kvocka and Vukovic. IT-96-23 & 23/1, del Tribunal Penal Internacional para la Ex Yugoslavia, sobre la violación como **crimen de guerra**; Caso Kovac vs Vukovic (Foca). CVO/ P.I.S./679.ICTY, de 12 de junio de 2002, del Tribunal Penal Internacional para la Ex Yugoslavia para **crimen de lesa humanidad**; Prosecutor vs. Sesay, Kallon and Gbao, Case nº SCSL-2004-15-PT, de 2 de agosto, para **actos inhumanos**, del Tribunal Especial para Sierra Leona.

[20] Según datos publicados por Naciones Unidas en el 20º Aniversario del genocidio de Ruanda, entre abril y julio de 1994 fueron asesinadas entre 800.000 y 1 Millón de personas (principalmente tutsies y algunos hutus moderados a manos de hutus extremistas. http://www.unmict.org/specials/ictr-remembers/index.html?q=ictr-remembers/index.html [5.12.2016].

[21] Tal como recoge la OMS, consecuencias físicas tales como lesiones o discapacidades sobrevenidas; psicológicas como depresión, trastornos de alimentación y sueño, pensamientos y conductas suicidas; consecuencias sexuales y reproductivas, caso de enfermedades de transmisión sexual, esterilidad o síndromes de dolor complejo; o enfermedades crónicas, como dolor pélvico crónico o trastornos vasculares. *Opus cit.* WHO-OMS. *Global Status...* p. 16.

[22] Cfr. Prosecutor vs Jean Paul Akayesu, Case nº ICTR-96-4-T, 2 de octubre de 1998, del Tribunal Penal Internacional para Ruanda; Prosecutor vs Musema, Case nº ICTR-96-13-A, de 27 de enero de 2000, del Tribunal Especial para Sierra Leona.

de violencia fue sistemáticamente empleada para impedir nacimientos dentro del grupo o etnia atacada, practicando mutilaciones genitales, esterilizaciones y control de natalidad forzada, buscando la eliminación sistemática de la población atacada, en el primer caso por motivos étnicos y en el segundo por cuestión de nacionalidad. El uso como elemento coadyuvante de un genocidio no es cosa del pasado, actualmente, grupos extremistas como el denominado Estado Islámico violan a mujeres conforme a un plan preestablecido con un objetivo claro: «transmitir su ideología a una nueva generación que crezca a su imagen»; así, el cuerpo de las mujeres es usado a modo de «arma biológica» con el fin de «alterar la demografía de una región y destruir los lazos de afinidad»[23].

Lesionar al enemigo, castrar psicológicamente al contrario, resquebrajar su identidad vulnerando su núcleo familiar y su comunidad. Las violencias de género han sido utilizadas desde antiguo como «acto de dominación y poder» para lesionar al enemigo, rompiendo el rol tradicional masculino del hombre como protector de las mujeres de su comunidad, debilitándolo al introducir un sentimiento de ineptitud e inferioridad. Se trata de **humillar al adversario** que no ha sabido protegerlas, con un mensaje de *castración y mutilación de parte de su identidad tradicional masculina* empleado contemporáneamente en los conflictos como los acontecidos en Bosnia-Herzegovina, Burundi, Ruanda o Colombia. Pero no en los únicos, ya que se trata de una estrategia usual principalmente cuando se trata de conflictos étnicos y de carácter nacionalista, usando nuevamente la violencia contra el cuerpo femenino como forma de asalto simbólico y destrucción del «centro espiritual de la identidad étnica», identificado con la mujer[24]. Ahora bien, si esta

---

[23] S/2016/361/Rev.1, p.7.

[24] Cfr. Comentarios y contribuciones de la Relatora Especial sobre Violencia contra la Mujer Radhika Coomaraswamy, en la preparación de la Conferencia Mundial contra el Racismo, la Discriminación, la Xenofobia y las Formas Conexas de Intolerancia, celebrada en Durban, 2001, particularmente los párrafos 120 a 125 del documento A/CONF.189/PC.3/5.

finalidad de humillación se ha utilizado desde antiguo, ¿qué tiene pues de novedoso el hecho para reflexionar sobre ello? Además de su inaceptabilidad, su magnitud.

Esos mismos lazos de afinidad rotos se han empleado para **subyugar a la población**. En este caso, la estrategia usada en Iraq y la República Árabe de Siria consistía en separar a las familias, usando a niñas y mujeres para explotación sexual; en tanto que otras niñas y niños se reclutan con fines bélicos, como combatientes, para comisión de delitos graves (asesinato y tortura, como los mostrados en video en diciembre de 2015 y agosto de 2016 con fines propagandísticos por grupos pertenecientes al Estado Islámico en Iraq y Levante, EIIL)[25]. También, se emplean las violencias como un elemento más de la **persecución étnica o religiosa**, como se constató en Bosnia-Herzegovina, Mali, Nigeria o Somalia, bien para su eliminación o para su **conversión y adoctrinamiento**[26].

Tanto en situaciones de conflicto, como sobre todo de posconflicto, la violencia física, psicológica y la violencia sexual en particular se emplean contra las mujeres como instrumento de **control social y moral: mantenimiento de la subordinación**[27]. Vejar, humillar y violar a mujeres que ejer-

---

[25] A/67/792-S/2013/149.

[26] S/2016/361/Rev.1, p. 28.

[27] Como señala la Relatora Especial Gay J. McDougall: «La violencia sexual comprende las agresiones físicas y psicológicas dirigidas a las características sexuales de una persona, como por ejemplo obligarla a desnudarse en público, mutilar sus órganos genitales o cortar los pechos de una mujer/.../ La violencia sexual se da también en situaciones en las que se obliga a dos víctimas a realizar actos sexuales o a causarse daños mutuamente por medios sexuales. Estos delitos tienen a menudo por finalidad infligir una grave humillación a las víctimas y, cuando se obliga a otros a asistir a actos de violencia sexual, con frecuencia se pretende intimidar a un mayor número de personas». NU. Doc. E/CN.4/Sub.2/1998/13 (22-VI-1998), Formas contemporáneas de esclavitud. La violencia sistemática, la esclavitud sexual y las prácticas análogas a la esclavitud en tiempo de conflicto armado, p. 9. De forma complementaria, Cfr. NU., doc. E/CN.4/Sub.2/2000/21 (6-VI-2000). OOSTERHOF, P., Zwanikken, P. & Ketting, E. «Sexual torture of men in Croatia and other Conflict situations: an open secret. *Reproductive Health Matters*. 2004. Vol. 12 (23): 68-77. CAR-

cen profesiones o se asocian a la oposición política, para «silenciar» a todas las mujeres y que éstas queden «relegadas a la esfera privada», apartándose de lo público, entendiendo que el ejercicio de estas violencias es una forma admisible de «sanción» de pautas de comportamiento que se perciben como «contraculturales»[28], o para imponer sus propias pautas o códigos de conducta, castigando los comportamientos y actitudes que contravienen las normas impuestas por los actores armados[29], puesto que les interesa el papel subordinado de las mujeres.

En distintas partes del mundo, la violencia sexual se ha empleado y se emplea como **factor de expulsión**, de desarraigo[30], para desplazar por la fuerza a las poblaciones, en

---

PENTER, , C. «Recognizing Gender Based Violence Against Civilian Men and Boys in Conflict Situations». *Security Dialogue*. 2006. Vol. 37 (March): 183-203.

[28] Como se ha relatado en los conflictos y posconflictos de Afganistán, Libia o República Árabe de Siria; y también se han relatado en Burundi, donde las mujeres asociadas con la oposición política han sido caricaturizadas como prostitutas en los medios de comunicación. *Opus Cit.* S/2016/361/Rev.1.

[29] Cfr. Comisión Interamericana de Derechos Humanos, CIDH. *Las mujeres frente a la violencia y la discriminación del conflicto armado de Colombia.* Disponible en: http://www.cidh.org/women/Colombi06sp/parte1.htm [2.12.2016].

[30] Este desarraigo lleva aparejado un cambio radical y, por lo general traumático, de la estructura familiar y de los roles de sus integrantes. La mayoría de las veces junto con el cambio geográfico y de la condición socioeconómica hay un cambio de cultura, con nuevas exposiciones a violencias y discriminación, sea nuevamente por los actores del conflicto que forzaron el desplazamiento o por parte de la población receptora de las personas desplazadas. Los desplazamientos forzados afectaron en 2015 a 63, 5 millones de personas en el mundo, de ellos el 51 % menores de edad, huyendo de situaciones reconocidas de conflicto armado o posconflicto como Afganistán, Congo, Iraq, Sudán, Sudán del Sur, Yemen, Colombia, Nigeria o Somalia principalmente; o huyendo de lugares donde se ejerce impunemente una extrema violencia, caso de El Salvador, Guatemala y Honduras, según datos publicados por ACHNUR en su informe: *Tendencias Globales. Desplazamiento Forzado en 2015. Forzados a huir.* Ginebra, 2016. A ello se añade en un elevado número de casos, la imposibilidad de recuperar la titularidad de las tierras que se dejaron atrás en la huida o desplazamiento forzado, sobre todo cuando la titularidad corresponde a muje-

ocasiones con fines de rapiña y quedarse las propiedades de los civiles; o bien para poder controlar zonas ricas en recursos naturales. Ese **control del territorio**, puede que sea con fines de tráfico de armas o drogas, extracción minera ilegal[31], trata de personas; o bien como **forma de intimidación y castigo** para que la población local no impida esas actividades ilegales que los actores armados quieren realizar y faciliten su ejecución como mano de obra forzada (esclava) para obtener recursos económicos que costeen el conflicto, como ha sucedido en Colombia, Mali, Libia, Siria, o República Democrática del Congo, por poner unos ejemplos[32]. Y también en el uso como factor de control territorial, como una forma de **impedir el acceso a zonas y a tierras**, como sucede en la República Centroafricana, donde la violación se ha utilizado para castigar a las mujeres cristianas por comerciar con miembros de la comunidad musulmana y para «deshonrarlas» a fin de que no se atrevan a poner pie en los enclaves musulmanes[33].

También se usan las violencias como **factor de atracción**, para el reclutamiento de hombres y jóvenes locales y combatientes extranjeros, anunciando la entrega de niñas y adolescentes secuestradas como esposas en matrimonios serviles o forzados[34], o regaladas como esclavas sexuales a

---

res. GARCÍA, Y.E., SALCEDO, L. & SIMACAS, R. «Victimas del despojo de tierras en el conflicto armado», pp. 263-305, en VV.AA. *Violencias en la postmodernidad: Resistencias, Paradigmas y conflictos en Latinoamérica*. Editorial Curiamericana, Medellín-Colombia. 2015.

[31] Los llamados «minerales en conflicto», como son el oro, el estaño, la casiderita, el wolframio, el tungsteno, el tantalio o el coltán en la Región de los Grandes Lagos en África, afectando no sólo a la República Democrática del Congo, también a los países vecinos (República Centroafricana, Sudán del Sur, Uganda, Ruanda, Burundi, Tanzania, Zambia, Angola y República del Congo). Cfr. OCDE. *Guía de la debida diligencia de la OCDE para cadenas de suministro responsables de minerales en áreas de conflicto o de alto riesgo*. 2ª Ed. en español, MCIT, Colombia, 2013.

[32] A/67/792-S/2013/149.

[33] S/2016/361/Rev.1, p. 7.

[34] Matrimonios serviles, o forzados, que se dan principalmente con niñas y adolescentes de entre 11 y 16 años, donde hay una servidumbre doméstica, abuso físico y explotación sexual. Informe de la Relatora Espe-

modo de recompensa. A veces, incluso habiendo sufrido otras formas de violencia previas como es la aplicación no consentida de tratamientos médicos no autorizados para su mejor sometimiento, o para «maduración» de sus cuerpos infantiles mediante tratamientos hormonales[35]; niñas y adolescentes entregadas como «obsequio»[36] a los combatientes.

Generación de ingresos económicos y obtención de tratos de favor. Aunque la Trata no sea tampoco algo novedoso, como en otros casos su volumen sí lo es[37]. No son sucesos aislados cometidos de forma individual por algún integrante del grupo armado, se trata de un práctica habitual en conflictos donde hay grupos extremistas violentos, caso de Libia o Yemen, o actualmente como EIIL o Boko Haram, que utilizan a personas para obtención de dinero mediante «trata de niños/niñas y mujeres,..., y secuestro para obtención de rescates por parte de familiares»[38]. Otro ejemplo podemos encontrarlo en Afganistán, donde la práctica cultural del *bachah-bazi*, o de «los niños bailarines»,

cial sobre formas contemporáneas de esclavitud. A/HRC/27/53.Add.3. En el Informe del Secretario General sobre violencia sexual relacionada con conflictos se ponen más ejemplos, entre ellos como «se trasladó a las mujeres a otros lugares del Iraq y a la República Árabe Siria, donde fueron presentadas a los llamados emires para ser explotadas sexualmente. Este procedimiento fomenta la estrategia adoptada por el EIIL de separar a las familias a fin de controlar más fácilmente a la población y solucionar el problema de la escasez de mujeres a disposición de sus combatientes en el Iraq y la República Árabe Siria». S/2016/361/Rev.1, p. 12.

[35] A/67/792-S/2013/149, pp. 2-9.

[36] Práctica frecuente en El Salvador, tal y como Urmila Bhoola refiere es el Informe de la Relatora Especial sobre formas contemporáneas de esclavitud. A/HRC/33/46/Add.1, p. 11.

[37] «...ha aumentado el recurso a fuentes alternativas de financiación tales que los impuestos revolucionarios, los secuestros, el pillaje la explotación ilegal de recursos, el tráfico ilegal de drogas, armas y otros bienes. Aunque tampoco estas fuentes de financiación son nuevas si lo es el peso relativo en el conjunto de la economía». KALDOR, M., «In Defence of New Wars», Stability, 2013, Vol 2, n. 1, pp. 1-16, citado en GARCIA, 2013, p. 22.

[38] S/2016/361/Rev.1, p.10.

se emplea para obtención de dinero y trato de favor usando a estos menores para su explotación sexual por hombres influyentes civiles y militares, «incluidos los comandantes de las Fuerzas Nacionales de Defensa y Seguridad Afganas»[39].

Otro *uso* tal y como se apuntó, es la **obtención de «recursos laborales»**, eufemismo de lo que en realidad son formas contemporáneas de esclavitud, ya sea fuerza de trabajo doméstica (servidumbre doméstica y normalmente también de explotación sexual) o combatiente, como forma de reclutamiento forzado de niños y niñas. Según datos de UNICEF, se estima que hay unos 300.000 niños y niñas combatientes en múltiples conflictos: Myanmar, India, Sri Lanka, Nepal, Somalia, Colombia, Siria o Iraq, entre otros[40], ya que su adoctrinamiento es más sencillo que el de los adultos, resultan «más obedientes, no cuestionan ordenes y son más fáciles de manipular»[41], resultan «eficaces» (sobretodo bajo el efecto de las drogas)[42], y son «fácilmente reemplazables»[43]. Entre los denominados, «imperativos tácticos» se encuentra también su *uso* en **obtención de información y labores de inteligencia**, el terror empleado mediante violencia física y sexual es la forma de tortura empleada para conseguir declaraciones[44], para hacer que los niños reclutados forzosamente hagan de mensajeros o enlaces, espías, señuelos,

---

[39] A/70/836*-S/2016/360*, p. 6.

[40] A/67/792-S/2013/149.

[41] MAKINANO, M. *Child Soldiers in the Philippines*. DEL, Manila. 2001. p. 17.

[42] A modo de ejemplo: «El EIIL ha incorporado la violencia sexual a su sistema de castigo y recompensa en la formación de los niños, así durante el Ramadán de 2015, celebró un concurso de memorización del Corán, en que el premio prometido a los ganadores eran esclavas sexuales yazidíes». La práctica de la deshumanización de los niños durante su entrenamiento también incluye agresiones, o incluso asesinatos, en algunos grupos más extremistas, así «agredir a las mujeres y las niñas se consideraba una forma de «práctica» para los soldados en Sudán del Sur». *Opus cit.* S/2016/361/Rev.1, p. 12 y 23.

[43] Amnistía Internacional, [en línea] disponible en https://www.es.amnesty.org/en-que-estamos/temas/menores/ [6.12.2016].

[44] S/2016/361/Rev.1, p. 26.

monten explosivos o rastreen minas, incluso actuando de bombas humanas[45].

Repasados los posibles usos en base a la finalidad buscada, así como algunos factores coadyuvantes, resta apuntar que hay **fuentes de riesgo** sobreañadidas al género de sufrir alguna forma de violencia física y sexual. Se trata de factores sinérgicos que inducen una especial violencia, como son: la edad (niñas y ancianas), discapacidad (ya sea adquirida, o sobrevenida a consecuencia de una violencia anterior), la nacionalidad-etnicidad, la religión o creencias religiosas de la persona o de su comunidad, la identidad de género y la orientación sexual, entre otras.

2. QUÉ SUCEDE MÁS ALLÁ DEL GÉNERO BINARIO

Hemos dejado intencionadamente uno de los usos de la violencia sexual en conflicto y posconflicto para ser tratado de forma diferenciada, una cuestión en donde la novedad radica en que se ha empezado a reportar de forma muy reciente: la persecución y violencia particularmente ejercida contra las personas LGTBI. ¿Acaso se trata de un fenómeno de violencia nuevo? No, ya hemos dicho que no lo es, pero hasta hace muy pocos años no había interés en hablar públicamente de este asunto que concierne a *minorías*, las denominadas por Naciones Unidas «minorías sexuales y personas disconformes con su género»[46].

Tal y como reconoce la propia NU: «los riesgos que enfrentan las minorías de personas lesbianas, gais, bisexuales, transgénero e intersexuales han sido un punto ciego en el seguimiento de las preocupaciones relativas a la protección

---

[45] Informe del Secretario General sobre Los niños y los conflictos armados. A/70/836*-S/2016/360*, p. 34. KAPLAN, E. *Child Soldiers around World*. 2005. Disponible en http://www.cfr.org/human-rights/child-soldiers-around-world/p9331, 2005 [6.12.2016].

[46] Informe del Relator Especial sobre la Tortura y otros Tratos o Penas Crueles, Inhumanos o Degradantes. A/HRC/31/57, p. 4.

de los civiles» [47]. «Un punto ciego en el seguimiento», una forma educada y primorosa de reconocer públicamente que éste ha sido *un asunto que no ha interesado abordar*, ni tan siquiera a la máxima institución internacional encargada de velar por «la dignidad y el valor de la persona humana, en igualdad de derechos de hombres y mujeres», tal y como reza el preámbulo de la Carta de las Naciones Unidas. Tal vez esa sea la clave, derechos de hombres y mujeres, el género entendido como binario con elementos creados en base a una contraposición que no se consideran en el mismo plano a pesar de su supuesta complementariedad: lo que no es blanco es negro, lo que no es fuerte es débil, lo que no es hombre es mujer. Esta *constructio* de género binaria es tenida como... *lo normal*, ¿no? Más aun, como apunta Shaheed:

> En todo el mundo y a lo largo de la historia, las diferentes visiones del hombre y la mujer que suponen capacidades desiguales y esferas de comportamiento separadas, han definido las expectativas sobre lo que constituye un comportamiento apropiado[48].

En base a este modelo binario se generan estereotipos, roles, y pautas de comportamiento esperadas sobre los que ir construyendo cómodamente la estructura y organización

[47] En 2015 se referencia el asunto llamando a tomar medidas particulares en situaciones de conflicto es en ese año 2015, S/2015/203, tras la reunión del Consejo de Seguridad convocada con arreglo a la fórmula Arria sobre la persecución de las minorías de personas lesbianas, gais, bisexuales, transgénero e intersexuales en el Oriente Medio, celebrada el 24 de agosto de 2015. El gran salto de visibilización de esta problemática se da en 2011, con la primera Resolución de Naciones Unidas sobre orientación sexual e identidad de género A/HRC/RES/17/19; y posteriormente el Informe del Alto Comisionado de las Naciones Unidas para los Derechos Humanos sobre «Leyes y prácticas discriminatorias y actos de violencia cometidos contra personas por su orientación sexual e identidad de género, A/HRC/19/41, de 17 de noviembre de 2011.

[48] Informe de la Relatora Especial sobre los derechos culturales, Farida Shaheed. A/67/287, p. 15.

de la sociedad[49] conforme al interés del grupo dominante, ya que busca mantener el *statu quo.* Quienes no sigan esas pautas de «normalidad» serán estigmatizados y si no pueden ser «corregidos», habrán de ser «eliminados» en base a una «limpieza social». Como señalaría Goffman, en el imaginario colectivo la persona estigmatizada, la anómala que no encaja en el estándar social, puede llegar a ser considerada como que «no es totalmente humana». La deshumanización o cosificación de la persona estigmatizada por no ajustarse a la norma facilita la autojustificación de quienes ejercen la violencia contra ella[50] y la permisividad del colectivo, que las conciencias duerman, «ellxs» (ellos y ellas) no son como «nosotrxs» (nosotros y nosotras). *Nihil novum sub sole*[51], o parafraseando al Eclesiastés: nada nuevo en el siglo XXI que no haya sido vivido en siglos anteriores.

En primer lugar, encontramos violencias para intentar modificar, *corregir*, la orientación sexual o la identidad de género de quienes no se ajustan al modelo establecido por quienes se han erigido en *guardianes del orden correcto*; es lo que en algunos casos se llama «la corrección de los cuerpos» para ajustarlos a los patrones de identidad y expresiones de género «normativas», como parte del control de los cuerpos y de las sexualidades[52]. Estas violencias abarcan desde la obligación de someterse a tratamientos psicoterapéuticos forzados, hasta abusos físicos, normalmente sexuales,

---

[49] MILLER señala que los estereotipos de género «son importantes fuentes de significaciones sociales, normas y valores sobre los cuales se construyen y perpetúan las estructuras sociales /.../ la estructura y organización de la sociedad se construyen sobre estereotipos de género, asegurando así que las relaciones desiguales de poder entre los sexos se mantengan». MILLER, A.G. «Historical and Contemporary Perspectives on Stereotyping». En: MILLER, A.G. (Ed.), *In the Eeye of the Beholder: Contemporary Issues in Stereotyping.* Praeger, Nueva York. 1982. p.4.

[50] GOFFMAN. E, 1986, Stigma: Notes on the Management of Spoiled Identity, citado en Baumann, Z. *Opus cit.*, 2016, p. 41.

[51] *Eclesiastés,* 1, 9.

[52] CNMH. Aniquilar la diferencia. Lesbianas, gays, bisexuales y transgeneristas en el marco del conflicto armado colombiano. CNMH-UARIV-USAID-OIM, Bogotá. 2015. p. 107.

para *corregir* esa «desviación real o percibida que pueden llegar a calificarse como actos de tortura[53]. Y es que la no conformidad de la persona con esa «normatividad de género»[54] socialmente aceptada hace de este colectivo de personas un elemento desestabilizador del orden social establecido, ya sea el orden establecido por el Estado o el «orden» establecido por los actores armados. Entienden estos *guardianes del orden* que es necesario *corregir* a estas personas o, en su defecto, «borrar» o *eliminar la diferencia.*

Más allá del deseo de «castigar» esas identidades o comportamientos «diferentes», podemos encontrar los casos en donde el verdadero deseo es de *eliminar la diferencia.* El homicidio de personas de esta minoría, de este grupo humano, por las fuerzas contendientes tiene por objeto realizar

[53] La Comisión Interamericana de Derechos Humanos, CIDH, ha recibido información sobre este tipo de prácticas de «tratamiento» a personas LGTBI en Ecuador (en las llamadas «clínicas de deshomosexualización» de carácter ilegal), Perú, República Dominicana y Estados Unidos, acciones que «suelen incluir tratos inhumanos o degradantes en incluso actos de violencia sexual como parte del 'procedimiento' para tratar de cambiar su orientación sexual o identidad de género», incluyendo la prostitución forzada para «aprender el comportamiento femenino», en el caso de mujeres lesbianas, sometidas a electroshock, o «encadenadas durante más de tres meses a inodoros que eran usados por otras personas». CIDH. Violencia contra Personas Lesbianas, Gays, Bisexuales, Trans e Intersex en América. OAS/Ser.L/V/II.rev.1. Doc. 36. 12 noviembre 2015. Cfr. OPS. «Curas para una enfermedad que no existe», 2012. Publicado por la Organización Panamericana de la Salud, disponible en su web: www.ops.org

[54] Las personas «no normativizadas» son aquellas cuya identidad de género o cuya sexualidad no se ajusta a las normas socio-religiosas del entorno en el que viven. Esta *normatividad,* en realidad suele hacer referencia a la «heteronormatividad», es decir, aquello referido al régimen social, político y económico cuya única forma «aceptable y normal» de expresión de los deseos sexuales y afectivos, así como la propia identidad, es la heterosexualidad, la cual presupone la existencia de un género exclusivamente binario, donde lo masculino y lo femenino son complementarios y contrapuestos, por tanto, tanto las preferencias sexuales como los roles y relaciones que se establecen entre las personas de una sociedad deben darse de forma ajustada a ese binario «masculino vs. femenino», dándose por hecho que el «sexo biológico» siempre coincide con la identidad de género y, consecuentemente, con los deseos asignados socialmente a esa identidad.

una «limpieza social» de lo que se ha venido a denominar «población marginal»; o «limpiar la comunidad de personas indeseables» en el caso de Colombia[55], y que en otros contextos, caso de Iraq o Siria, se ha referenciado como «depuración moral»[56], de forma que se ejecuta a estas para garantizar el «orden público», ya sea el orden impuesto por el Estado o por los propios contendientes. En el epígrafe anterior aludimos al genocidio, definido como la «eliminación sistemática de un grupo humano por motivo de raza, etnia, religión, política o nacionalidad» así lo recoge la RAE. La búsqueda de la eliminación de personas en base a su identidad de género no binaria o su orientación sexual no heteronormativa ¿en qué tipología de esta definición cerrada hemos de clasificarla? Tal vez, y sólo tal vez, ésta definición debería ser objeto de revisión a la luz de los acontecimientos ¿no cree usted?

Los datos sobre las violencias ejercidas contra el colectivo LGTBI durante situaciones de conflicto y posconflicto son escasos o inexistentes en muchos países, la cifra negra[57] es muy elevada y resultan altamente inexactos. Esta inexactitud puede deberse tanto a la falta de interés en recoger el hecho[58], la falta de desagregación, la forma de recogida del dato, el motivo por el cual se violentó a la víctima, o por haberse enmascarado bajo un epígrafe inadecuado[59], como sucede en buen número de casos registrados en Colombia

[55] BERNAL, C., Sandra, J. & Guzmán, C.E. (Eds.). *Los Derechos Humanos: una mirada transdiciplinar.* UN Editorial & Grupo Editorial Ibáñez. Barranquilla-Colombia. 2014. pp. 68-69. Amnistía Internacional. *Cuerpos Marcados. Crímenes silenciados.* EDAI, Madrid. 2004, p. 45.

[56] S/2015/203, p. 11.

[57] En criminología se entiende por *cifra negra*, la tasa de delito desconocido, es decir, el número o desconocimiento de situaciones delictivas que se desconocen porque no han sido denunciados por las victimas ya sea por miedo a una segunda victimización u otro motivo, o que no han sido descubiertos, y por tanto no se reflejan en informes o estadísticas.

[58] Según Amnistía Internacional, este tipo de crímenes —en referencia a ejecuciones por identidad de género u orientación sexual— no suele ser investigado. *Opus cit.* AI. *Cuerpos Marcados...*, p. 48.

[59] A/HRC/29/23, p. 9.

bajo el epígrafe de «asesinatos pasionales» donde el motivo del asesinato, y normalmente el ensañamiento o sevicia, no se corresponden sino con un acto de odio motivado no por el sexo biológico de la víctima sino por su identidad de género u orientación sexual[60]. No obstante, aunque falte mucha información y no se quiera facilitar intencionadamente, la propia Naciones Unidas reconoce que las violencias ejercidas por «motivos homofóbicos y transfóbicos» se caracterizan por «una especial brutalidad, que a menudo acaba en asesinato»[61].

Como hemos apuntado, en algunos conflictos hay grupos armados[62] que determinan la *necesidad de castigar y corregir* actitudes y cuerpos no adaptados a la norma de género[63]. El género se interpreta estrictamente bajo estereotipos de género arraigados cultural y religiosamente como binario, la norma heterosexual, manteniendo una severa diferenciación entre hombres y mujeres, exigiendo que la expresión de género, es decir, la manifestación de rasgos culturales que se asignan social y religiosamente a *lo masculino* y *lo femenino* también sean acordes: lenguaje, vestimenta, interacción social, comportamiento social y sexual, etc.; *todo debe ir en consonancia.* En conflictos como los de Iraq, Siria o Colombia, se ha reportado la exigencia de encarnar «la masculinidad hegemónica por parte de los varones, al igual que la sumisión e hipersexualización de las mujeres»[64]. Así, mujeres trans y los gais, al apartarse de la norma

---

[60] A modo de ejemplo, como sucede si el siguiente relato de feminicio se clasifica «solamente» como asesinato por motivo de género sin desagregar: «...una muchacha de 14 años fue desvestida en una de las calles del barrio y le fue colocado un cartel donde decía: 'Soy lesbiana'/.../ fue violada por tres hombres armados, presuntamente paramilitares. Días después fue hallada muerta, con los senos amputados.» *Opus cit.* AI. *Cuerpos Marcados...* p. 48.

[61] A/HRC/19/41, p. 18.

[62] Que pueden incluir tanto los grupos armados paramilitares e ilegales, guerrillas, como las propias fuerzas armadas y de seguridad del Estado.

[63] A/HRC/19/41, p. 9.

[64] *Opus cit.* CNMH. *Aniquilar la diferencia...* p. 139.

heterosexual, son sometidas a «disciplinamiento público» obligándoles a «hablar como varones», sometiéndolas a cortes de pelo o cambio en la vestimenta, forzadas a un escarnio público para transmitir un mensaje colectivo conciso, como también se manda un mensaje claro con las formas de tortura aplicadas para mostrar el rechazo de unas personas que no encarnan «su» modelo de masculinidad. Los gais son vistos como «pares que renunciaron a su lugar de privilegio» y que, al rechazar su concepto de masculinidad, debilitan la posición jerárquica de los *guardianes del orden establecido* haciéndoles «quedar mal a los hombres»[65].

Igualmente, violencias de todo tipo se ejercen sobre aquellas mujeres que muestren un aspecto considerado «poco femenino» o «masculino», aunque sea simplemente por la vestimenta, buscando la «feminización forzada»[66]. A lesbianas y hombres trans se les castigará por querer «parecerse a un hombre» o «querer ser hombres», y con ello intentar «ascender en la jerarquía de género» y *no asumir su inferioridad*, osando querer tener «los privilegios de la masculinidad que para ellos [*los guardianes del orden*] no les corresponde a estos sujetos»[67] de ahí que, como en el caso anterior, sea tan necesario que esos actos de violencia sean públicos y particularmente crueles y sumarios. Además, las mujeres lesbianas deben ser *corregidas*, «enseñarles a ser mujeres», mediante *violencia correctiva* de la orientación sexual bajo el supuesto de que la orientación inadecuada de estas mujeres es consecuencia de que «no les han enseñado

---

[65] *Ibíd.*, pp.137 y 188. Torturas y asesinatos, donde el «exceso», la sevicia y la mutilación sexual de los cuerpos, «hace manifiesta la intención de hacer sufrir a la víctima, pero, además, de comunicar a otros y otras sobre el rechazo hacia ese sujeto, hacia ese cuerpo /…/ Esta ferocidad y crueldad ha configurado unos repertorios de violencia que resultan reiterativos, como el apuñalamiento múltiple, el empalamiento, la exhibición pública del cuerpo torturado, la mutilación [genital] y el desmembramiento de ciertas partes del cuerpo y las golpizas con bates y bolillos, entre otras», pp. 237 y 283.

[66] A/HCR/29/23 p.12.

[67] *Opus cit.* CNMH, *Aniquilar la diferencia…*, p. 248.

lo que es un buen macho»[68]. A este imaginario se suman otras dos cuestiones presentes en el imaginario de *los guardianes del orden*: que las mujeres lesbianas «contaminan a otras mujeres volviéndolas lesbianas»; y que tanto las mujeres lesbianas como los hombres trans «les están quitando 'lo suyo', porque en su lógica las mujeres del territorio les pertenecen»[69]. Más aun, como señala Zapico en relación a lo vivido en el conflicto de Colombia, estas mujeres lesbianas pueden llegar a ser incluso tildadas de antipatriotas y por con ello justificar su *eliminación* por causas políticas:

> También se produce violencia contra las [mujeres] que no aceptan los estereotipos de género. Las que luchan por los derechos de las mujeres, las que se hacen combatientes, las líderes de la oposición e incluso las mujeres lesbianas, porque estas últimas, al apartarse del ideal de pureza impuesto socialmente, son acusadas de antipatriotas[70].

Ni que decir tiene que solo hemos referido violencias físicas y sexuales, no violencias verbales, que son las primeras formas que aparecen en la escalada de violencia y que se dan en todos los contextos aunque no se referencien…O sí, puesto que los audiovisuales y las redes sociales también se emplean, y cada vez más en los conflictos armados con fines aleccionadores, propagandísticos y reclutadores[71]. Si la violencia verbal, las injurias y los discursos de odio, son consentidos incluso institucionalmente en situaciones de paz en países tan dispares como Gambia, Honduras o la mismísima Suiza[72], ¿qué podemos esperar en lugares donde hay leyes explícitamente condenatorias de la orienta-

---

[68] *Ibíd.*, pp. 136 y 246.

[69] *Ibíd.*, pp. 134-135. *Vid.* SEGATO, R.L. «Las nuevas formas de la guerra y el cuerpo de las mujeres». *Soc. Estado* Vol. 29, nº 2, mayo-jun. 2014. Versión electrónica, http://d.doi.org/10.1590/S0102-69922014000200003 [29.11.2016]

[70] *Opus cit.* ZAPICO, M. «Género y conflicto armado…». p. 6.

[71] A/HCR/29/23, p. 10.

[72] *Ibíd.*

ción y el comportamiento sexual no heteronormativo[73], algunos de ellos con situaciones de conflicto armado o con elevado grado de violencia estructural, cuando ya hemos dicho que en conflicto se exacerban la discriminación y violencia subyacente en tiempos de paz-«no conflicto»?

3. BREVEMENTE, OTRAS CUESTIONES SOBRE LAS QUE SEGUIR REFLEXIONANDO EN EL FUTURO

Sólo unas pinceladas sobre dos cuestiones, que por motivo de espacio no pueden ser abordadas en esta ocasión, pero que conviene no desligar de lo apuntado anteriormente: las violencias por motivos de género que acontecen dentro de los grupos y las fuerzas armadas y cuerpos de seguridad de los Estados involucrados en la situación de conflicto y en el posconflicto; y el abordaje de estas cuestiones durante las negociaciones de paz y la implantación de las medidas subsiguientes.

¿Qué pasa «dentro»?

El ejercicio de las violencias por parte de los combatientes (ya sean fuerzas guerrilleras, paramilitares, fuerzas armadas y cuerpos de seguridad, FAS) no tiene una única dirección «hacia fuera», es decir, contra la población civil; estas violencias también son ejercidas «dentro» de las propias unidades armadas. Se trata de violencias empleadas como fórmula de **sometimiento y refuerzo de las relaciones internas de poder** y también a modo de **castigo-correctivas** por cuestiones relacionadas con la de identidad de género y orientación sexual[74] de las víctimas. Este no es un asunto

---

[73] Cfr. A/HRC/19/41 y A/HCR/29/23 p. 14.

[74] *Opus cit. Cuerpos Marcados...*p.9. «El interior de los grupos armados no se encuentra exento de las violencias heteronormativas. Los y las integrantes de los distintos grupos armados deben ejecutar ciertos códigos de

sobre el cual las unidades armadas quieran hablar abiertamente, y mucho menos abordar de una forma transparente aunque con la debida discreción para proteger a las víctimas. Lo habitual es rehuir el tema o que los mandos insistan en que estas son cuestiones que suceden «como en cualquier otra profesión», o se alegue la célebre sentencia de que «los trapos sucios se lavan en casa». Craso error. La negación de un problema, de esa realidad que existe en un grado poco o nada estudiado según el país, genera incapacidad para cambiarla y, consecuentemente, conlleva la impunidad del victimario y la desatención a las víctimas. Hay excepciones, como el informe publicado por las Fuerzas Armadas de Canadá y del cual haremos mención más adelante, pero por el momento es eso, una excepción.

Hay violencias psicológicas, físicas y sexuales referenciadas dentro de las FAS, y lo que acontece dentro de ellas y su abordaje por parte de la sociedad del Estado al que pertenecen (si es que se hace) es básico para entender los casos de violencias reportados en los últimos años relacionados con los Cascos Azules de la Naciones Unidas en misiones de mantenimiento de la paz. A pesar de su política de *tolerancia cero*[75]*, la cifra de denuncias de «explotación y abusos sexuales» a personas adultas y a menores de edad en el sistema de NU ronda el centenar de casos al año en el último quinquenio*[76].

---

conducta y comportamiento, en algunos grupos más estrictos que en otros, a través de estos, se regulan las identidades de género al igual que las sexualidades de las y los combatientes, y, en ocasiones, es explícita la prohibición de tener una orientación sexual o una identidad de género no normativa». *Opus cit. Aniquilar la Diferencia*...p. 283.

[75] Cfr. S/RES/2272 (2016).

[76] Según lo reportado en el Informe del Secretario General A/70/729, de 16 de febrero de 2016, Medidas Especiales contra la Explotación y los Abusos Sexuales, en 2015 hubo 99 casos denunciados concentrados en 9 misiones de mantenimiento de la paz y 1 de mantenimiento de la paz clausurada, principalmente casos relativos a personal militar, tal y como se apunta en S/2016/822 p.15, aunque también con casos relacionados con policías y algún civil destacado por UN. Por nacionalidades de los agresores o victimarios, destacan los pertenecientes a militares y policía de la República Democrática del Congo, Congo, Marruecos y Sudáfrica. pp. 2 y 10.

¿Qué sucede entonces? Aunque algunos estudios señalan que en situaciones de conflicto este tipo de comportamientos entre los miembros de las FAS son menores[77]*, existen tanto en tiempos de paz como de conflicto. Y es que en las organizaciones militares (y policiales) hay una estructura patriarcal que alienta unos ideales de actuación que entienden la masculinidad como dominancia, autosuficiencia, agresividad y asunción de riesgos, fomentando unos estereotipos y roles de hiper-masculinidad*[78]*. A esto se suma el hecho de que son estructuras donde la presencia de mujeres es inexistente o muy baja todavía (no hay cabida para identidades no binarias), lo que junto con esos «ideales» y estereotipos puede dar lugar a conductas violentas y discriminatorias*[79]*, llegando a la comisión de delitos. Como en el caso descrito en el epígrafe anterior, mujeres y minorías sexuales* serán blanco de distintas formas de violencia por parte principalmente de hombres con creencias más «tradicionales» e «hiper-masculinas». Y es que estos pueden sentirse amenazados tanto por mujeres que crean más competentes que ellos o que cataloguen de excesivamente «masculinizadas», como por hombres que crean «débiles» o que consideren «afeminados»; y sobre ellos ejercerán violencias que irán desde agresiones y hostigamientos verbales, hasta el acoso y violencia sexual buscando reforzar su masculinidad a través del lenguaje y comportamientos sexuales[80], para hacer que estas personas se sometan o abandonen las FAS.

Son numerosas las organizaciones e instituciones, públicas y privadas, que desde hace años trabajan con víctimas de violencias civiles pero ¿cuánto sabemos de lo que sucede realmente en las FAS?, ¿quién y cómo se ayuda a las vícti-

---

[77] WOOD, E.J. «Armed groups and sexual violence. When is wartime rape rare?», *Politics Society*, 2009, Vol. 37, pp. 131-161.

[78] KURPIUS, S. & LUCART, A. «Military and civilian undergraduates: attitudes toward women, masculinity, and authoritarianism». *Sex Roles*. 2002. Vol. 46 (11), pp. 255-265.

[79] TURCHIK, J. & WILSON, S. «Sexual assault in the US military: a review of the literatura and recommendations for the future». *Agress Violent Behav.* 2010. Vol 15 (4), pp. 267-277.

[80] HUNTER, M. Honor Betrayed: sexual abuse in America's military. Barricade Books Inc. New Jersey. 2007.

mas de las FAS? Poco a poco en los últimos años vamos encontrando algo de información. Particularmente elogiable es el estudio desarrollado en 2015 para las Fuerzas Armadas de Canadá (CAF), y hecho público, donde la jueza encargada del estudio, Marie Deschamps, concluye que:

> *One of the key findings of the External Review Authority (the ERA) is that there is an underlying sexualized culture in the CAF that is hostile to women and LGTBQ members, and conducive to more serious incidents of sexual harassment and assault. Cultural change is therefore key. It is not enough to simply revise policies or to repeat the mantra of «zero tolerance». Leaders must acknowledge that sexual misconduct is a real and serious problem for the organization, one that requires their own direct and sustained attention*[81].

Como bien señala Deschamps, de poco o nada sirve «repetir el mantra de tolerancia cero». Reconocer que las violencias existen, más aún, señalar que dentro de sus Fuerzas Armadas el problema es mayor que en la sociedad civil (un 1,7 % frente a un 0,9 %)[82] es un paso de gigante para abordar el problema *dentro* de la organización, y poder seguir avanzando *fuera* cuando esas FAS intervengan en situaciones de conflicto o mantenimiento de la paz. ¿No le gustaría a usted saber qué está pasando realmente dentro de las Fuerzas y Cuerpos de Seguridad del Estado español?, ¿o acaso cree que este un problema de norteamericanos, australianos o canadienses, pero no existe en «nuestra casa»?

«Ellos» negocian por «todxs»

Para ir concluyendo, unas líneas respecto de la representación y el papel de las mujeres en las negociaciones de

---

[81] DESCHAMPS, M. (Dir.). External Review into Sexual Misconduct and Sexual Harassment in the Canadian Armed Forces. 25 de marzo de 2015. Disponible en www.forces.gc.ca [29.12.2016].

[82] COTTER, A. *Sexual Misconduct in the Canadian Armed Forces, 2016.* Statistics Canada, Catalogue nº 85-603-X. p.5. Disponible en www.stat.can.gc.ca [29.12.2016].

paz (no digamos ya de la representación del colectivo LGTBI). En este sentido nos parece oportuno parafrasear la máxima paternalista del despotismo ilustrado en Europa *Tout pour le peuple, rien par peuple,* que en materia de negociaciones de paz vendría a ser *Tout pour le femme, rien par le femme*; puesto que la mujer ha sido tradicionalmente la gran olvidada, tanto durante el conflicto como durante el periodo de transición y postconflicto[83]. Más aun, llevada la frase al tema que nos ocupa, una perspectiva de género más allá de lo binario, sería un *Tout pour le genre, rien par le LGTB peuple.*

Que las lesbianas y las mujeres trans corren un *riesgo especial* en una situación de conflicto armado es algo que, como ya hemos señalado, ha sido reconocido incluso por las Naciones Unidas. No obstante, este riesgo de violencia y discriminación no acaba con el conflicto, persistirá en caso de que las medidas adoptadas en las negociaciones de paz no hayan sido diseñadas desde una perspectiva de género no binaria y prevean mecanismos de supervisión de su eficacia[84] inclusivos, de forma que se eviten *victimizaciones secundarias por omisión* puesto que a diferentes riesgos habrá que dar cobertura a necesidades diferenciadas, particularmente en aquellos lugares donde el conflicto haya sido más fuerte y en entornos rurales[85]. A pesar del paso dado por

---

[83] DE GREIFF, P. «Introduction, Repairing the Past; Compensation for Victims of Human Rights Violations», en Pablo de Greiff, (Ed.), *The Handbook of Reparations.* Oxford University Press. Oxford, 2006.

[84] «las lesbianas y las mujeres trans corren un riesgo especial debido a la desigualdad entre los géneros y las relaciones de poder en el seno de las familias y la sociedad en sentido más amplio /.../ La homofobia y la transfobia no solo contribuyen a esta forma de violencia, sino que merman notablemente la capacidad de los sobrevivientes LGBTI para acceder a la ayuda (con especial agudeza cuando la orientación sexual y la identidad de género son objeto de la vigilancia del Estado)» IASC. Directrices para la integración de las intervenciones contra la violencia de género en la acción humanitaria. Reducir el riesgo, promover la resilencia e impulsar la recuperación. 2015. Disponible en http://www.gbvguidelines.org [3.12.2016].

[85] ALBARRACÍN, M. & RINCÓN, J. «De las víctimas invisibles a las víctimas dignificadas: los retos del enfoque diferencial para la población

Naciones Unidas en los últimos años para visibilizar las brutales violencias ejercidas contra la *minoría LGTBI,* todavía no se ha pedido a los Estados que de forma activa permitan una participación directa en las negociaciones y la supervisión de medidas posconflicto, como sí se ha hecho ya con otras *minorías.* Indudablemente es pronto, en el sentido de que ni tan siquiera se ha conseguido este objetivo cuando hace referencia a la «mayoría» de la población mundial (las mujeres), y tiene que seguir pidiendo a los Estados que se garantice la participación de las mujeres en las negociaciones y en las acciones de consolidación de la paz[86].

Y es que la realidad, fácilmente constatable a la luz de los escasos datos publicados, es que aunque desde principios de este siglo se venga haciendo mención como suele decirse «por activa, pasiva o perifrástica» a la importancia de que las mujeres —y la perspectiva de género— estén presentes en las negociaciones de paz y los comités u organismos encargados del seguimiento de las medidas adoptadas al finalizar los conflictos[87], lo cierto es que no están (aunque teóricamente se las espera), por lo que en el caso de las minorías LGTBI es fácil pensar que no están ni se las espera, por lo menos en el corto plazo. No obstante, seamos optimistas, todo tiene un comienzo pero ¿en qué realidad nos encontramos?

Si el numero de mujeres que participan de forma activa en las negociaciones de paz es muy bajo, tal y como reconoce la propia Naciones Unidas[88], la presencia oficial en las

---

LGTBI en la Ley de Víctimas». *Revista de Derecho Público,* 31 (Julio-Diciembre de 2013), pp. 1-25.

[86] A/65/354—S/2010/466, 2010, p. 3.

[87] Así aparece tanto en la Resolución 1325 del Consejo de Seguridad de las Naciones Unidas relativa a las mujeres, la paz y la seguridad, como en las muchas resoluciones que acompañan a esta, incluida la reciente 2242, aprobada en octubre de 2015, entre otras cuestiones, «para aumentar el papel de la mujer en la prevención y la resolución de conflictos y ampliar su presencia en las operaciones de paz de Naciones Unidas» y, obviamente, por parte de los Estados decididamente comprometidos con la resolución, como el Estado español.

[88] S/2016/22. p. 4.

fases subsiguientes del proceso es prácticamente nula[89]. Los obstáculos para tan escasa participación de mujeres, y en consecuencia un tratamiento de las cuestiones de género «delegado», tienen su base en los estereotipos socioculturales surgidos de los regímenes patriarcales que no contemplan los trabajos de las negociaciones, mantenimiento de la paz y su control como tareas propias de mujeres, relegándolas al papel de víctima puesto que no hay «voluntad política» para permitir su participación[90]; en consecuencia, se dificulta o imposibilita su acceso a los equipos oficiales por lo que las más activas optan por organizarse en plataformas y foros no oficiales de paz[91].

Peor situación es la siguiente, puesto que una vez apartadas las miradas de las negociaciones, el diseño de las medidas para la consolidación de la paz suele hacerse a puerta cerrada donde los equipos encargados de esta tareas suelen estar conformados por las élites nacionales excluyendo no sólo a las mujeres, también a otros actores «no tradicionales», no se quiere dejar espacio a nuevos grupos para «no diluir su poder». Como bien señaló una de las pocas mediadoras de Naciones Unidas, Margert Vogt, estas negociaciones son:

> Un juego de poder. Y en la mayoría de estos juegos, las mujeres no están allí /…/ por lo tanto, cuando se trata de discutir la paz en la mesa [de negociaciones], los participantes —los negociadores— lo ven como una oportunidad para renegociar el poder y quieren restringir el dominio tanto como sea posible[92].

---

[89] ITTO, A. «Guests at the table? The role of women in preace processes», en Simmons, M. & Dixon, P. (Eds.). *Peace by piece: adressing Sudan's conflicts*. 2006. Disponible en www.c-r.org [30.12.2016].

[90] BMZ. *Promoting Women's Participation in Peace Negociations and Peace Processes*. GIZ. 2014. p. 15.

[91] O'REILLY, M., SÚILLEABHÁIN, A. & PAFFENHOLZ, T. *Remaining Peacemaking: women's roles in peace processes*. IPI. 2014.

[92] *Ibíd*. P. 4.

Las trabas habitualmente puestas son burdas pero hasta la fecha resultan efectivas, a veces simplemente basta con no acordarse de invitar a representantes. A pesar de intentar poner unos mínimos de participación o cuotas, las fórmulas de selección son discriminatorias y los medios para proteger a las mujeres participantes insuficientes. Son los gobiernos y los mediadores e instituciones internacionales los responsables, quienes «no están haciendo su trabajo»[93], no aplican los instrumentos existentes y hacen caso omiso de las recomendaciones de los organismos internacionales conscientes de la falta de presión. A modo de ejemplo de cómo suceden estos «olvidos o despistes», una experiencia propia. En la reunión de trabajo convocada por el Ministerio de Exteriores español para las preparatorias de lo que habrá de ser el nuevo Plan Nacional Mujer, Paz y Seguridad español, celebrado en la Escuela Diplomática el 4 de mayo de 2016, pedimos a la mesa (pedí personalmente a la mesa 3) que se hiciese mención explícita de la vulnerabilidad de las «personas LGTBI» y necesidad de protección, así como a mención explícita de adoptar el Plan desde un «enfoque en derechos humanos», siendo ambas cuestiones aceptadas por el resto de integrantes de la misma. En el caso de la petición de incluir ya en la terminología de género al colectivo LGTBI, esto lo hicimos ante la falta de representantes de tal colectivo —en concreto de la FELGTB— quienes ya manifestaron su queja en reunión previa por falta de información y la no invitación a reuniones informativas preliminares convocadas por el MAEC. En estas reuniones públicas siempre se hace referencia a la necesidad de seguir trabajando en la introducción de la perspectiva de género transversalmente a todas las cuestiones, como no puede ser de otra forma, pero en todas las reuniones a las que se nos ha invitado a asistir siempre se abordó el tema desde una noción de género binario, no contemplando las singulari-

[93] ICAN & MIT Center for International Studies, «What the Women Say Participation and UNSCR 1325: A Case Study Assessment,». October 2010. p. 26. Disponible en http://www.usip.org/sites/default/files/Gender/What_the_Women_Say.pdf [31.12.2016].

dades o necesidades específicas del colectivo LGTBI. Habrá que esperar al documento final, del que a fecha de redacción de estas notas no se tiene noticia (31.12.2016), para comprobar si esta petición es finalmente recogida en un documento oficial español tan relevante para situaciones de conflicto y posconflicto como es el Plan Nacional MPS. Esto, a pesar de que la realidad muestra que hay una mayor vulnerabilidad tanto durante el conflicto, como después, dado que su situación social y económica suele ser más precaria y el riesgo de discriminación mucho mayor.

Estas ausencias tienen su reflejo después, tras el conflicto, al no quedar debidamente cubiertas las necesidades relacionadas con las diferencias de género. Y es que las mujeres, y las *minorías sexuales*, no sólo experimentan el conflicto de manera diferente, también el posconflicto, siendo mas propensas a morir tras la finalización de la contienda por efectos indirectos como dificultades de acceso a medicamentos y servicios sanitarios, a alimentos y oras causas relacionadas con la ruptura del orden social existente[94]. En este sentido, los programas de desarme, desmovilización y reintegración (DDR), son particularmente relevantes para procesos de paz duraderos. Y es que en temas de DDR por un lado, no siempre se han tratado adecuadamente las cuestiones de género, habiendo dado lugar a situaciones comprometidas para mujeres excombatientes o vinculadas a grupos armados que pueden llegar a quedar aún más marginadas y excluidas tanto por su no reintegración eficiente a las comunidades como por dificultades de acceso a los mecanismos de apoyo social, más dirigidos a hombres excombatientes o sociedad civil victima del conflicto. Por otro lado, está el asunto de las armas pequeñas puesto los niveles de violencia sexual y violencia doméstica siguen siendo extremadamente altos en contextos posconflictos, ya que los combatientes desmovilizados con frecuencia ex-

[94] PLUEMPER, T. & NEUMEYER, E. «The Unequal Burden of War: The Effect of Armed Conflict on the Gender Gap in Life Expectancy». *International Organisation* 60, No. 3 (Summer 2006) pp. 723-754.

presan su frustración frente a la nueva situación con importantes dosis de violencia (cambios en los roles de género, desempleo, estrés postraumático, etc.). Las armas amenazan gravemente la seguridad de mujeres y *minorías sexuales*, haciendo más probable que las violencias acaben en muerte. Detener el riesgo de las violencias sobre las personas en tiempos de paz, en posconflicto, requiere un esfuerzo integrador, hay que tener en consideración las múltiples identidades, incluyendo obviamente su identidad de género y la orientación sexual. En las campañas lanzadas bajo el lema «Vivas nos queremos. Os queremos vivas», algunas personas entendemos que ese «os queremos vivas» es un a «todAs» que incluye a mujeres cuya identidad está construida en femenino, sea cual fuere su «sexo genético» y sea cual fuere su orientación sexual, sin abandonar a aquellas personas que construyeron su identidad en masculino.

Es necesario hacer un mayor y contundente esfuerzo para que *la perspectiva de género no* binaria no sólo tenga más presencia real en los estudios e investigaciones de lo que acontece en países donde hay situaciones de conflicto, también durante las negociaciones de paz, los documentos dimanantes y, sobre todo en la implementación de planes y programas (incluidos los de desarme, atención sanitaria, etc.). Sólo así se podrán prevenir y abordar correctamente *las violencias* ejercidas por motivos de género. Esto significa hacer un esfuerzo previo de estudio y análisis de las necesidades de las mujeres y hombres trans, de los intersexuales, así como de los gais, lesbianas y bisexuales, teniendo en consideración que no todos los géneros y minorías sexuales se identifican con las siglas LGTBI, puesto que ni tan siquiera la terminología empleada en estos temas es universalmente aceptada por el momento[95]. También supone una ardua labor de información y sensibilización, junto con la necesaria formación y capacitación de aquellas per-

[95] Human Rights Watch. *Por el mismo camino, por caminos diferentes. Activismo en torno a la orientación sexual y la identidad de género en el mundo.* Junio, 2009.

sonas a quienes se haga la encomienda de trabajar estos temas ya sea como agentes estatales, o como integrantes de los muchos actores de la sociedad civil que participan (desde ONG encargadas de asistencia a refugiados en general, hasta aquellas que hacen seguimiento de cuestiones de paz).

Concluir este capítulo con un epígrafe dedicado a conclusiones resultaba tentador, entre otras cosas por ser lo habitual, casi lo «normativo», pero hemos optado por dejarlo «abierto» y no limitarnos a exponer nuestros propios asertos. Así, cada cual que extraiga sus propias conclusiones y reflexione, si así lo estima oportuno, sobre aquello que crea debe ser objeto de un mayor detenimiento por la inquietud o preocupación que le generó, si lo hubiere, más allá de un *pánico moral evanescente* que desaparezca con la lectura del primer párrafo del próximo capítulo o al cerrar el libro.

VIDA Y OBRA DE LEOPOLDO MARÍA PANERO, O UNA POÉTICA DE LA TRANSICIÓN

ALEJANDRO FERNÁNDEZ PÉREZ
Universidad Rey Juan Carlos

«Una es la leyenda épica y otra es la verdad.»

Leopoldo María Panero.
«El Desencanto.» (1976)

La Transición española ha sido observada desde múltiples perspectivas. La liberalización económica tras el plan de Estabilización de 1959, la oposición antifranquista o el agotamiento de los apoyos sociales hacia la dictadura han sido los ejes principales alrededor de los cuales ha girado la investigación histórica. No obstante, el significado de la Transición a un nivel moral, psicológico y personal ha sido poco tratado.

Marcel Gauchet sostiene que es necesario acercarse a las obras de los propios autores de una época para llegar a entender cómo *se piensan*. Esto permite aprehender la historia de un modo directo, reconciliado con la fuente primaria. Es decir, a través de los propios actores, tal y como ellos reflexionaron su vida y la sociedad de su momento. Si bien esto comporta un alto nivel de subjetividad, «existe un nivel reflexivo de la historia en el que esta se aclara por entero.»[1] A la hora de acercarse a esta explicación subjetiva de la realidad social la poesía se convierte en una fuente privilegiada.

La obra de Leopoldo María Panero posibilita analizar la Transición española desde una óptica nueva, la de alguien que creció dentro de la élite de la sociedad franquista y, posteriormente, vivió en los límites de la sociedad democrática. Así pues, los orígenes del autor permiten arrojar luz, no solo sobre la naturaleza del régimen franquista, sino también sobre lo que supuso la Transición para la sociedad española.

La poesía de Panero se encuentra, en palabras de Ruano, «profundamente arraigada en la realidad»[2]. De hecho, es debido a este fuerte carácter social que la obra paneriana permite abordar el *Zeitgeist* de la Transición de una manera relevante para la ciencia social. Este artículo propone estudiar el espíritu de la Transición y explicarlo desde la reflexión de aquellos que la vivieron. No obstante, no se trata del espíritu de la Transición más política, el espíritu del encuentro representado por Genovés en «El Abrazo.» En este caso, se explorará, la Transición moral, relacionada con la desfiguración de unos valores favorecidos por el régimen durante 40 años y que a finales de los 70 toman nuevas formas.

Desde la posición marginal de Panero es posible definir los límites en materia de tolerancia y cambio que ofreció la Transición. Es decir, el alcance de la disolución progresiva del régimen. Por una parte, Panero pone de relieve las contradicciones entre la leyenda épica del Franquismo y su cruda realidad. Frente a la poesía e imagen de su padre, Panero contrapone la realidad de su infancia marcada por la violencia y el abandono. Por otra parte, a medida que su

[1] Marcel Gauchet. *La Condition Historique* (Gallimard: 2008) 242. «Il y a un niveau réfléctif de l'histoire où elle se rééclaire toute.»

[2] Joaquín Ruano, «La oscura biblioteca de Leopoldo María Panero» en *Quimera Revista de Literatura*, 2014 nº 372. 10.

trayectoria se desarrolla, la dicotomía entre la crítica Panero y la realidad de la sociedad española se profundiza y trasciende el espacio familiar.

Panero explora los límites de lo convencional como lo hicieron los *enfants terribles* de la poesía simbolista francesa. Pertenece a esa *otredad* que no encuentra ni lugar ni aceptación en la sociedad. A través de su propia autodestrucción el autor lleva a cabo una crítica a los principios más básicos de la moral. Panero vivifica la máxima de Rimbaud «El Poeta se hace «vidente» por medio de un largo, inmenso y razonado «desarreglo» de «todos los sentidos».»[3] La radicalidad de la vida de Panero, entre hospitales cárceles y manicomios, es tal que, junto con su obra nos permite dibujar un contorno en negativo de los límites de la Transición, de aquellos rincones sociales que definen sus fronteras.

Estas cuestiones serán abordadas en orden cronológico. En primer lugar, se tratará la disolución de la leyenda épica del Franquismo a través de la obra de Panero y de su experiencia familiar tal y como la presenta Chávarri en «El Desencanto» (1976). En segundo lugar, se examinarán los límites de la Transición a través de la poesía de Leopoldo María Panero y su continuado paso por instituciones penitenciarias y hospitales psiquiátricos. Finalmente, se presentará una valoración de a obra de Panero y su relación con la sociedad española de la Transición.

I. FIN DE LA DICTADURA: MUERTE DEL PADRE Y MUERTE DE DIOS

Esta primera parte se propone analizar el espíritu de la Transición desde una óptica que pone en valor la decadencia de la visión franquista del mundo y la sociedad. Frente

[3] Arthur Rimbaud. «Le Poète se fait «voyant» par un long, immense et raisonné «dérèglement» de «tous les sens.»» Lettre à P. Demeny. https://fr.wikisource.org/wiki/Lettre_de_Rimbaud_%C3%A0_Paul_Demeny_-_15_mai_1871

a esta cosmovisión, se presenta la llegada de la luz, la llegada del día, tras la *longa noite de pedra*, tomando la definición dada a la dictadura por el también poeta Celso Emilio Ferreiro. El día con su luz no solamente trae esperanza, sino que revela el pasado y la realidad una vez levantadas las sombras idealizadoras del claroscuro del régimen.

Leopoldo María Panero creció en una familia que da sentido a la noción de *paradigma*. Según esta, la validez de las reflexiones personales tiene un alcance social. Es decir, las apreciaciones de los autores no ven limitadas su alcance a la propia individualidad, la transcienden y devienen propias de su tiempo.[4] La familia Panero «encarnaba a la perfección los valores tradicionales de la época, junto con el sistema sociopolítico español.»[5] Su padre, Leopoldo Panero Torbado fue considerado el bardo del régimen y su madre, hija de la burguesía madrileña, una mujer sometida a la autoridad de su marido.

Leopoldo Panero dedicó durante su vida varios poemas a su hijo más pequeño, Leopoldo María. Estos poemas se encuentran llenos de un amor paternal transmitido con una sencillez y una pureza clamorosa: «se te ve sonreír para todos, desde mi corazón hacia el tuyo; / desde tu rizo columpiado sin fuerza / desde tus labios intermedios entre la esperanza y el tiempo; / desde tus ojos donde el tiempo no estaba.»[6] Esta imagen de un padre maravillado por su hijo, contrasta de manera total con las consideraciones del propio hijo hacia su padre ya en su obra más temprana, «Mi padre me llevaba de la mano. / Su risa se parecía a la muerte. / ¿O era él quien se parecía a la muerte?»[7] Aunque

---

[4] Gauchet, *La Condition Historique*, 16.

[5] Zulima Martínez, «Construcción del universo de Leopoldo María Panero a partir de la negación y de la interpretación de la realidad.» Actes del Congrés «La Transición de la dictadura franquista a la democracia.» (Barcelona: 2005)486.

[6] Leopoldo Panero, *Memoria del Corazón.Antología poética.* (Renacimiento: 2009) 139.

[7] Leopoldo María Panero, *Poesía Completa (1970-2000).* (Visor Libros: 2013) 38.

esta obra sea ocho años posterior a la muerte de Leopoldo Panero, se pone de relieve la incapacidad de un padre para transmitir sus sentimientos a su hijo.

La incomunicación familiar que se presenta aquí se convierte en el fiel retrato de la incomunicación en el seno mismo de la sociedad española del momento. El paralelismo entre la figura del padre y el propio régimen franquista se hace aún más evidente en los testimonios personales de «El Desencanto» (1976). La originalidad y el valor histórico de esta obra reside en la presentación del testimonio directo de los protagonistas. Esta característica compartida con otros documentales de la época como «El proceso de Burgos» (1979) de Imanol Uribe, sirve según Ardánaz «de testimonio de la Historia con mayúsculas.»[8]

«El Desencanto» comienza con una presentación de la familia Panero al completo, comenzando por la escultura paterna velada. El padre, aunque como convidado de piedra, se encontrará presente a lo largo de toda la película. En los primeros minutos, la «cuestión de Leopoldo» se plantea como una incógnita y es la figura del padre quien toma protagonismo. Se realiza el retrato de un hombre alcohólico, iracundo, con rasgos violentos. Felicidad Blanc afirma, «después de que me casé, tu padre barrió todas mis amistades femeninas.» La figura de la madre se presenta en esta primera parte como la de una víctima más de Leopoldo Panero, confiesa sus celos por Luis Rosales y el abandono al que la condenaba su marido.

No obstante, el epitafio del Leopoldo Panero, escrito por él mismo, parece desconocer u obviar la realidad presentada por El Desencanto. «Ha muerto / acribillado por los besos de sus hijos, / absuelto por los ojos más dulcemente azules / y con el corazón más tranquilo que otros días, / el poeta Leopoldo Panero.»[9] Se revela en este poema la absolución autoconcedida del propio Leopoldo Pa-

---

[8] Natalia Ardánaz, «La Transición política española en el cine (1973-1982)» *Comunicación y Sociedad,* Volumen XI, N 2, 1998, 163.

[9] Leopoldo Panero, *Memoria del Corazón,* 220.

nero. Confluye este discurso con el oficial del régimen, pues en ambos se presenta a un padre amado y benevolente que contrasta con la cruel realidad. Frente a la visión oficial se desarrolla una completamente distinta en la poética de Leopoldo María quien contesta directamente el epitafio de su padre, «no quiero errar en la mitología / de ese nombre del padre que a todos nos falta, / porque somos tan sólo hermanos de una invasión de los imposible.»[10] Es en esta dicotomía donde se encuentra la raíz del desencanto que preside la vida de los Panero.

Aunque el relato presentado parezca el drama personal de una familia, la decepción frente a la familia franquista y los valores que el régimen propugna es, no obstante, algo que tiene lugar de manera social. El desencanto es la consecuencia de la ruptura con la imagen propuesta por el régimen. Esta imagen, representada por la poética de Leopoldo Panero, se compone de una visión idílica, huérfana de una realidad sufrida por todos aquellos que no detentan la posición del padre. Mediante el ejercicio de la crítica frente al discurso oficial no se corre, parafraseando a Girón de Velasco, un tupido velo, sino que más bien se rompe con la ocultación de la realidad promovida por el régimen.

Marcado por el desencanto, Leopoldo María Panero describe con gran crudeza y verdad la ansiedad provocada por esa pérdida de sentido, «cuando el sentido, ese anciano que te hablaba / en horas de soledad, se muere / entonces / miras a la mujer amada como a un viejo, / y lloras / y queda huérfano el poema / sin padre ni madre, / y lo odias, aborreces al hijo colgando / como un aborto entre las piernas, balanceándose allí / como hilo que cuelga o telaraña.»[11] Si hasta cierto punto puede relacionarse este texto con la condición mental de Leopoldo María, es capaz de transmitir el desamparo provocado por la pérdida de la verdad o el descubrimiento de la mentira en lugar conocido. Frente a este lugar conocido, Panero plantea la locura

[10] Leopoldo María Panero, *Poesía Completa (1970-2000)* 151.
[11] Leopoldo María Panero, *Poesía Completa (1970-2000)* 214.

como lugar de veridicción, irreverente ante cualquier realidad. La obra de Panero lucha pues, «contra los relatos idealizadores, es contraponer la miseria, lo grotesco, a unas narraciones impostadas.»[12]

Este tipo de discurso idealizador, o lo que queda de él, es destruido por Panero en la segunda parte de «El Desencanto». En este momento el documental comienza a girar en torno a su figura y la manera en que ha sido juzgado por su familia. En un reproche directo a su madre, Leopoldo María la acusa de cobardía tras su primer intento de suicidio que la llevó a encerrarlo en un centro psiquiátrico,«en lugar de pedirme explicaciones y tratar de remediar la situación que lo había producido, decidiste meterme en un sanatorio donde lo pasé muy mal.» De esta manera se quiebra el discurso presentado por su madre hasta ese momento. La figura de Felicidad Blanc se ve confrontada a los hechos y los últimos restos de «leyenda épica» desaparecen, «tu llamas debilidad a lo que yo llamo cobardía» dice Panero. El propio autor completaría las críticas a su madre en su obra autobiográfica «Prueba de Vida,» «Como en la novela de Georges Bataille, «Ma mère», hay una translocación de los valores. El padre es alcohólico, bestial, fascista y putañero: pero cuando se muere, aparece la madre que hace daño en silencio.»[13]

El extrañamiento[14] de Panero hacia la familia aparece también en su obra en prosa, «El lugar del hijo.» Es en esta obra, dónde su crítica realmente trasciende lo personal y se sitúa en el cuestionamiento a la familia como institución. En estos relatos la familia se presenta como elemento terrorífico. Panero explora aquí todos aquellos tabúes relacionados con una de las instituciones emblema del régimen franquista y de la moral burguesa. Así pues, aunque «El lugar

---

[12] Joaquín Ruano, «La oscura biblioteca de Leopoldo María Panero» en *Quimera*. 14.

[13] Leopoldo María Panero. *Prueba de vida*. (Huerga Fierro: 2002) 41.

[14] El extrañamiento en literatura consiste en observar la realidad desde un nuevo punto de vista introduciendo elementos que producen desasosiego y alienación ante lo conocido.

del Hijo» pertenece al terreno de la fantasía de terror, un género que aparentemente rehuye la importancia histórica; este conjunto de relatos relaciona el universo más personal de Panero, el de su obra lírica, con la realidad de su época y con la historia de la literatura. En este volumen se recogen las iconografías más provocadoras del mundo occidental. Desde el padre saturniano de *Acéfalo* hasta la madre filicida que es *Medea*, aparecen plasmados todos aquellos personajes denostados y considerados inhumanos, contrarios a los presupuestos más elementales de la moral occidental.

Es posible rastrear en la subversión de la moral paneriana la influencia de Nietzsche. Obras como «La genealogía de la moral» o «Más allá del bien y del mal» tienen una influencia clara en Sexta parte de «De como Ezra Pound pasó a formar parte de los muertos, partiendo de mi vida,» «Y Dios / se suicidó al crear: en la piedra que coges / en la mano, el agua que acumulas en el hueco de la mano.»[15] La imagen nietzscheana de la muerte de dios se enfrenta en este verso y a lo largo del poema a la moral occidental. Esta será rechazada a través de una rebeldía que condena a Panero al ostracismo. En palabras de Barja «Panero formula su enunciación poética como un acto de blasfemia.»[16]

Es a través de la figura de la muerte de Dios / Padre que Panero critica la imposición de una moral ascética que considera negadora de la vida. Este es el punto de partida para el desarrollo de la crítica hacia el resto de instituciones de la sociedad que le rodea, como en el Poema «Glosa a un Epitafio, (Carta al Padre)» citado anteriormente, se toma la muerte del padre como pretexto para desarrollar una imagen incestuosa y necrofílica que preconiza la radical crítica paneriana de la sociedad occidental. Este tipo de imágenes son uno de los elementos constitutivos de la poética de Panero que se reproducen para investigar el mal y

---

[15] Leopoldo María Panero, *Poesía Completa (1970-2000)* 329.

[16] Ethel Barja, «Los acordes de Leopoldo María Panero: Exploración de una poética pos-metafísica» *LL Journal*. Vol 10, N2, 2015. 2.

transgresión moral de un modo vívido y repulsivo en el poema «Oración.»[17] Así pues, es la muerte del padre, también poeta, la que se encuentra en el origen de la subversión para Panero, para quien «escribir implica de manera inmediata una relación de fuerza y de subversión.»[18]

La vida y obra de Leopoldo hacen que se convierta, en palabras de su hermano Michi, en «el personaje molesto.»[19] Si la muerte del padre supone para la mayor parte de la familia cierto rejuvenecimiento y el nacimiento de nuevas oportunidades, para Panero esto no significará un cambio en su exclusión. Él se ve como «el chivo expiatorio de toda mi familia, de lo que detestaban pero que estaba en ellos mismos.»[20] De manera parecida, la muerte de Franco y el fin de la dictadura, asimiladas a la muerte del padre, simbolizan el cambio para la mayoría pero las minorías siguen siendo denostadas. En palabras de Panero, a través del álter ego kierkegaardiano de Johannes de Silentio, «no era morir ya por revolucionario, sino a falta de toda solidaridad política, por loco, por homosexual, por despojado de todo asidero simbólico con el feliz y desdichado mundo de los hombres normales.»

II. TRAS LA TRANSICIÓN, TRANSGRESIÓN

En esta segunda parte se explorará la exclusión o renuncia de Panero al «mundo de los hombres normales» y su tratamiento de esta condición. La muerte de Dios nietzscheana o la muerte del padre paneriana, sirven como punto de partida para una crítica más amplia. Panero lleva a cabo un cuestionamiento generalizado que va más allá de

---

[17] Leopoldo María Panero, *Poesía Completa (1970-2000)* 229-230.

[18] Marjolaine Piccone, «"La lucide folie" de Leopoldo María Panero: Une esthétique de la provocation, une poétique de la manipulation.» *Les chantiers de la création.* N 6. 2013. 2 «écrire implique d'emblée un rapport de force et de subversion.»

[19] Jaime Chávarri, *El Desencanto* (1976).

[20] *Íbidem.*

la familia y se convierte en una crítica *in toto* a la sociedad. Debido al desarrollo de la moral occidental en la sociedad española, Panero nos permite dibujar los límites de la Transición.

Tras la muerte del padre o el fin de la dictadura, adviene una época donde la libertad de expresión, la cultura de masas y los medios de comunicación tienden a permitir todos los excesos. Panero se revelará frente a esta sociedad, mostrando la actuación de instituciones que siguen contando con un carácter autoritario. Así pues, «renovando en su absoluto la cultura tradicional de la provocación»[21] este autor se destruye para construir una nueva moral. Como el propio Panero dice citando a Artaud, «me destruyo para saber que soy yo y no todos ellos.»[22]

Por una parte, Panero muestra su repulsa a los revolucionarios de corte tradicional. En su poesía los elementos identitarios que lo excluyen del conjunto de la sociedad pesan más que los tradicionales lazos que unen a las naciones, por ejemplo, sobre España escribe, «Escribir en España no es llorar, es beber, / es beber de la rabia del que no se resigna / a morir en las esquinas, es beber y mal / decir, blasfemar contra España / este país sin dioses / pero con estatuas de dioses, es / beber en la iglesia con música de órgano / es caerse borracho en los recitales y manchar de vino / tinto y sangre.»[23]

Panero ya había explicitado sus sentimientos hacia España en «Es-pa-ña. Manifiesto anti-español leído en París, octubre de 1977» e incluso en 2005 reiteró ««España es la que está loca, no yo.»[24] La burla de Panero hacia España también se hace patente en la banalización del del golpe de

---

[21] Marjolaine Piccone, «« La lucide folie » de Leopoldo María Panero» Les chantiers de la création. 6 «en rénovant dans son absolu la culture traditionnelle de la provocation».

[22] Jaime Chávarri, *El Desencanto* (1976).

[23] Leopoldo María Panero, *Poesía Completa (1970-2000)* 222.

[24] Jesús Ruiz Mantilla, «Entrevista: emergentes y divergentes, Leopoldo María Panero» en *El País,* 9/08 2005. http://elpais.com/diario/2005/08/09/ultima/1123538401_850215.html

estado del 23-F en Edgar Allan Poe, o el rostro del Fascismo, «Y estaremos desnudos como un blanco disparo / para saber que España no quiere más que vivir si puede / y si no llorar o beber en la barra / sedientos de la frente en la blanca marea.»[25]

Frente a los lugares de encuentro social, la obra de Panero se desarrolla, tomando la terminología foucauldiana, en los *otros lugares,* las heterotopías: el manicomio, la prisión, la perversión… En su obra Panero explora de manera metódica la violencia, el asesinato, la *desviación* sexual y la locura. En el prefacio a su obra «El último hombre,» título de influencia nietzscheana, Panero cita a Deleuze en una explicación de su poética, «el arte en definitiva, como diría Deleuze, «no consiste sino en dar a la locura un tercer sentido: en rozar la locura, ubicarse en sus bordes.»»[26] Siguiendo la estela de Foucault en «Historia de la Locura,» Panero explora la locura como hecho social, una contingencia que busca perpetuar la dominación de unos grupos sobre otros, la inscripción biopolítica de la dominación.

Al contrario de aquellos que llevan a cabo un activismo político en busca de la integración o la aceptación en la sociedad, Panero busca denunciar ante el mundo occidental las limitaciones de su moral y evidenciar sus mecanismos de opresión. Debido a esto exhorta directamente al lector, «Hombre normal que por un momento / cruzas tu vida con la del esperpento / has de saber que no fue por matar al pelícano / sino por nada por lo que yazgo aquí entre otros sepulcros / y que a nada sino al azar y a ninguna voluntad sagrada / de demonio o de Dios debo mi ruina.»[27] La negación de la explicación médica o religiosa de su internamiento se convierte en piedra angular de la obra de Panero. De esta manera se cuestiona la propia existencia de la locura y se denuncia por parte del autor una modalidad de la opresión que sigue presente en la sociedad tras la

---

[25] Leopoldo María Panero, *Poesía Completa (1970-2000)* 383.

[26] *Íbidem,* 287.

[27] *Íbidem,* 356.

muerte del padre, la psiquiatría. Su crítica hacia las instituciones coercitivas como las psiquiátrica proviene de la consideración de la locura como parte intrínseca al ser humano y por lo tanto de su desproblematización.

La otra gran problemática abordada por Panero es la sexualidad. Panero defiende el sexo y la sexualidad en todas sus formas con un afán de provocar pero también fruto de una personal interpretación de la sociedad, «España ha rodeado amorosamente a la muerte entre sus brazos, / y la prefiere al sexo y a la vida.»[28] La influencia de los *maestros de la sospecha* así como de autores más recientes aparece de manera clara en Panero. En la obra paneriana la subversión de la moral y del orden negador considerado natural adquiere toda su fuerza. A través de imágenes tremendamente provocadoras, el espectador se revela *voyeur* de sus tabúes, por ejemplo, en el poema, «Bello es el incesto,» donde se describe de manera lorquiana dicho acto, «Madre e hijo se ofrecen sus dos ramos / de lirios blancos y de orquídeas, y en la boca / llevan ya el beso para desposarlo.» Por otra parte, las imágenes de necrofilia, coprofilia o coprofagia están presentes en toda la obra y con su exhibición cumplen una función escandalizadora que busca poner en cuestión los pilares de la sexualidad imperante.

La sexualidad también aparece mezclada con la violencia y la dominación haciéndose la influencia de Sade y Masoch evidente, «No es nada ya mi cuerpo: tómalo, / hunde tu falo, y que te ame / como el agua ama el pie que en ella se hunde.»[29] La reivindicación de la violencia sexual forma parte de un anti *ars amandi* que hace de la agresión el principal elemento del amor. Panero, al igual que Genet, solamente es capaz de concebir el amor como agresión violenta en la que la dominación y la posesión son protagonistas. A través de estas descripciones el autor explora los sentimientos más profundos de los amantes y expone aquello que la moral niega que forme parte del amor.

---

[28] *Íbidem*, 370.

[29] *Íbidem*, 292.

Panero también preconiza autores como Denis Cooper, al unir amor y asesinato en «Proyecto de un beso,» «te mataré mañana y pedirás perdón / por esa carne obscena, por ese sexo oscuro / que va a tener por beso el sepulcro, el olvido.» El amor se convierte en subversión y se liga al asesinato, en palabras de Piñeiro Pais, «No estamos ante el reflejo habitual del amor, sino que este aparece retratado de manera dañada, ligado a la muerte y a la sexualidad.»[30] La construcción del amor como humillación y violencia se hace patente en «Necrofilia (prosa),» «El acto del amor es lo más parecido / a un asesinato. / En la cama, en su terror gozoso, se trata de borrar el alma del que está, / hombre o mujer, / debajo.»[31] No obstante, si en la sexualidad Panero abraza la violencia como forma de expresión del amor, esta es condenada cuando es ejercida por el Estado. Así pues, Panero entiende la violencia sexual entre individuos de una manera liberadora, un elemento que aproxima al hombre a su naturaleza.

Sin embargo, la violencia con un carácter social dominador, ejercida por agencias de poder sustrae del hombre su humanidad. En el poema, «La flor de la tortura,» dedicado a Tupac Amaru, se realiza una descripción poética del suplicio al que fue sometido este líder indígena en el siglo XVIII, «y recuerdo que fui hombre, antes / de que el metal hiciera arder mi cuerpo.»[32] *Mutatis mutandis*, Panero realiza una labor similar a la llevada a cabo por Foucault en el prólogo de Vigilar y Castigar, pues *describe* una brutal ejecución que le sirve de punto de partida para el resto de su obra.

Esta primera parte de «El último hombre», subtitulada *Páginas de Poesía Política*, pone de manifiesto el rechazo de Panero a la autoridad del estado. La reivindicación de un

[30] Laura Piñeiro Pais, «Leopoldo María Panero e Lois Pereiro: poéticas da transgresión» en *Madrygal*, 2015, N 18. «Non estamos perante o reflexo habitual do amor, senón que este aparece retratado de xeito deturpado, vencellado á morte e á sexualidade.» 107.

[31] Leopoldo María Panero, *Poesía Completa (1970-2000)* 244.

[32] Leopoldo María Panero, *Poesía Completa (1970-2000)* 291.

líder indígena se ve precedida por una apología de Pertur, terrorista vasco supuestamente asesinado por militantes de extrema derecha. Panero se identifica totalmente en su poema requiem con Pertur, «yo soy un hombre muerto al que llaman Pertur. / En la cena de los hombre quién sabe si mi nombre algo aún será: ceniza en la mesa.» Así pues, la capacidad de la violencia en su forma social para destruir a los humanos es erigida por Panero como su tótem personal frente al cual se presenta como un mártir.

La poesía de Panero se ve acompaña en su juventud por un irregular activismo político. Así pues, aunque no llegue nunca a ocupar puestos de responsabilidad en ningún partido político su actitud desafiante hacia las autoridades se hace patente. La vida de Panero se encuentra plagada de detenciones, la primera en diciembre de 1966 en una manifestación contra un referéndum por la ley orgánica y una segunda en enero de 1967.[33] Tal y como lo describe Antonio Martín Albalate, «Panero en sus años jóvenes coqueteando con la izquierda radical, las drogas y el alcohol. Panero militante de la clandestinidad antifranquista entrando en la trena. Panero con veinte años tratando de suicidarse en el domicilio familiar.»[34] La radicalidad acompaña al autor a lo largo de toda su vida, tras el desencanto con la izquierda su evolución personal lo lleva hacia posiciones marginales que lo alejan de cualquier formación y agenda política y lo —quizás auto— excluyen de la sociedad.

Aunque Panero no es un pacifista en el sentido clásico del término, si realiza una crítica a la Guerra de Vietnam y a su efecto deshumanizador sobre los soldados. Las víctimas de esta violencia injusta pierden a ojos de Panero su esencia y se ven desprovistos de sentido, «La muerte vació mi ser, dejó mis ojos / tan blandos y sexuales como la selva.

[33] Benito J. Fernández, *El contorno del abismo. Vida y leyenda de Leopoldo María Panero.* (Tusquets: 1996) 82.

[34] Antonio Martín Albalate, «Leopoldo María Panero sobre la tumba del poema.» Cuadernos Hispanoamericanos, N. 734, 2011, 28.

/ (...) a medida que el terror se alejaba / vi la nace del sentido hundirse entre mis ojos.»[35] En estos poemas políticos, Panero denuncia no solamente la inmediatez de la Guerra de Vietnam sino que realiza una crítica total hacia una muerte desnaturalizadora del hombre, que pervierte su propia existencia violenta. Ruano entiende que Panero, «más allá de denunciar una situación concreta, (busca) denunciar la propia condición humana.»[36] Sin embargo, Panero entiende la condición humana como violenta y reivindica esa violencia, lo que critica y encuentra moralmente censurable es la violencia ejercida en pos del control del hombre por unas instituciones deshumanizantes.

Por último, la vida de Panero se podría entender como una subversión del triunfo, como el epítome crítico final, una subversión total de la sociedad en que vivió. Como el propio autor confiesa en el documental «El desencanto,» «He terminado en el fracaso más absoluto, lo que pasa es que el fracaso yo lo considero la más resplandeciente victoria.» Este desapego final frente a la victoria también se hace patente en su obra poética en donde el autor entra en diálogo consigo mismo, «En mi alma podrida atufa el hedor a triunfo / la cabalgata de mi cuerpo en ruinas / adonde mis manos para mostrar la victoria / se agarran al poema y caen.»[37]

Panero se presenta de esta manera como una especie de caballero de la resignación infinita kierkegaardiano, que «se ha resignado infinitamente a todo para recobrarlo todo en virtud del absurdo.»[38] De este modo, Panero busca «refugio en el dolor de la resignación.»[39] En su poema «Loco» se presenta la finalidad de su existencia, íntimamente ligada a su familia, «Y sólo pude pensar que de niño / me secuestraron para una alucinante batalla / y que mis

---

[35] Leopoldo María Panero, *Poesía Completa (1970-2000)* 293.

[36] Joaquín Ruano, De la crueldad activa: lecturas de Nietzsche en la obra de Leopoldo María Panero» en Aisthesis, N 54, 2013, 106.

[37] Leopoldo María Panero, *Poesía Completa (1970-2000)* 361.

[38] Sören Kierkegaard, *Temor y Temblor* (Losada: 1958) 32.

[39] *Íbidem*, 41.

padres me sedujeron para / ejecutar el sacrilegio, entre ancianos y muertos.»[40] La inmolación de uno mismo en la batalla frente a la sociedad es una constante en la obra de Panero. Este, a través de una poesía visceral cargada de potentes imágenes, introduce al lector en el mundo de lo marginal poniendo de manifiesto la contingencia y vulnerabilidad de «lo normal.» No obstante, esto se realiza a un alto coste, el de la propia vida del poeta, que hace de si mismo su mayor alegato, «yo que todo lo prostituí, aún puedo / prostituir mi muerte y hacer / de mi cadáver el último poema.»[41]

III. CONCLUSIONES

Panero propone a través de su vida y de su obra una ruptura sin pacto con su padre y con la autoridad que se opone a la realidad pactista socialmente imperante. Frente a las preguntas que la Transición solo permitió ser plantear, Panero formula respuestas radicales que ponen en cuestión los fundamentos de la moral occidental. Las instituciones opresivas, propias de una sociedad contemporánea, la violencia y la exclusión se encuentran reflejadas en la poesía de Panero. La crítica al mundo de «la guerra por ser yo para lo que es necesario que el otro no sea,»[42]vertebra la obra del autor.

Siguiendo la estela de Nietzsche, Foucault o Deleuze, la obra de Panero no solamente es un puente entre generaciones, sino también entre disciplinas. Por una parte, pertenece a una generación influida por el desencanto frente a los valores de sus padres que bebe del marxismo y de Nietzsche de una manera singular. Por otra parte, Panero no limita su obra creativa a la literatura, su vida se desarrolla como una *performance* en la que se diluyen, locura, radicali-

---

[40] Leopoldo María Panero, *Poesía Completa (1970-2000)* 224.

[41] Leopoldo María Panero, *Poesía Completa (1970-2000)* 226.

[42] Jaime Chávarri, *El Desencanto* (1976).

dad y autodestrucción. La vida pública que llevó el autor hace imposible separarla de su obra y por ello adquiere relevancia social e histórica.

La reivindicación de la enfermedad mental y la sexualidad hacen de Panero un precursor del movimiento *queer* y sus intersecciones con el reconocimiento de los derechos de otras minorías. A través de su obra, el autor no aboga por una normalización de la *otredad* sino por la aceptación de la diversidad. En la obra de Panero no se busca la asimilación en la normalidad. Por el contrario, se convierte en adalid de todas aquellas personas que viven en los márgenes de la sociedad y sufren las violentas consecuencias.

De manera opuesta a Buñuel en, «El Encanto Discreto de la Burguesía» o «El ángel exterminador,» Panero dibuja los contornos de la sociedad desde el exterior. El punto de vista marginal le permite valorar las consecuencias de la muerte del padre de una manera comprehensiva. Desde la radicalidad más absoluta se critica la violencia ejercida desde los lugares comunes, esa violencia que trasciende la presencia física y constante de la dictadura y que se ejerce de una manera más sutil.

Panero se revela de esta manera como un bardo de la posmodernidad. Una posmodernidad que también ha llegado a España. De manera un tanto irónica, se podría decir que la obra de Panero confirma la apertura de la sociedad española y su equiparación al resto de sociedades occidentales de la época. Así pues, la falta de contacto entre el autor y los movimientos políticos de su época son comparables a la experimentada por sus homólogos franceses tras mayo del 68. La capacidad de Panero de narrar en su lírica una realidad social compartida por los intelectuales occidentales de su época pone en cuestión el discurso de la excepcionalidad española. De este modo, la estética y la ética que construye Panero revela de manera crítica la entrada de la sociedad Española en la contemporaneidad.

En definitiva, si una es la leyenda épica y otra es la verdad, Panero deconstruye la mitificación de la Transición y de la sociedad que la causó. De manera cruda, dibuja la realidad de los otros desde su propia otredad vital. El viaje realizado por Panero, desde las entrañas del régimen hasta los márgenes de la sociedad, es lo que posibilita la veracidad de su obra. Una obra que se revela testimonio excepcional de la sociedad española de finales del siglo XX.

LA TRANSICIÓN DE LA IGLESIA CATÓLICA ESPAÑOLA: VICENTE ENRIQUE Y TARANCÓN, PRECURSOR DE LA CULTURA DEL ENCUENTRO

IRENE LANZAS

Universidad Rey Juan Carlos

INTRODUCCIÓN. EL MITO TARANCÓN

> *La providencia de Dios me colocó en un puesto clave en la Iglesia española durante varios años. Alguien me ha calificado como «el cardenal del cambio» [...]. La gente crea mitos muy fácilmente. Sobre todo refiriéndose a las personas que ejercen una primacía o una autoridad destacada. La simplicidad de los juicios de las masas idealiza, para el bien o para el mal, a quienes ejercen el poder y ocupan un lugar preeminente que les confiere una excelencia social superior al del común de los hombres [...]. No acierta a ver —no quiere ver, mejor dicho— las sombras o los defectos de los que se han ganado su admiración, ni admite las luces y los aciertos de quienes han merecido su repulsa. No tiene en cuenta que los hombres, sea cual fuere su excelencia o su poder, siempre son hombres: imperfectos, limitados. Tanto para el bien como para el mal. [...] Yo he dicho públicamente, más de una vez, que nunca me he reconocido en el mito Tarancón*[1].

[1] ENRIQUE Y TARANCÓN, V.: *Confesiones*. Madrid, PPC, 1996. pp. 8, 9 y 10.

Con estas palabras, el cardenal Vicente Enrique y Tarancón, en sus últimos años de vida, comenzó sus *Confesiones*. Hijo de padres labradores, el cardenal castellonense nacido en mayo de 1907 se retiraba antes de cumplir los setenta y seis años, después de una vida consagrada al servicio a la Iglesia católica. Gracias tanto a su vocación eclesiástica —que, en sí misma, supone un servicio a la comunidad creyente y al conjunto de la sociedad—, como a su papel de ciudadano comprometido con España, el cardenal Tarancón encarna la figura del servidor público. Siempre partiendo de su profunda fe e identidad cristianas, don Vicente jugó un papel esencial en la historia de España, desde los primeros tiempos del franquismo —cuando fue nombrado obispo de la diócesis de Solsona— hasta la Transición democrática. El cardenal Tarancón supo comprender su época mejor que muchos otros, identificando a la perfección los problemas de la Iglesia española y universal, el papel que le correspondía a la misma dentro de la nación española, y los problemas de la propia sociedad y política españolas. Su amor por ambas realidades le llevó a buscar en todo momento —no sin equivocaciones— el bien común de la Iglesia y de España, en un tiempo en que parecía que Iglesia y Estado eran realidades indisociables.

A pocos años de su muerte, en sus *Confesiones*, el cardenal admite sus equivocaciones y sus aciertos. Rechaza su fama de agitador y revolucionario, rechaza las afirmaciones de quienes le calificaron como colaborador con el Régimen, rechaza, ante todo, haber actuado en contra de alguien. Se somete humildemente al juicio de quienes tratan de comprender mejor esta etapa de la historia de España, recordando que todo —lo bueno y lo malo— lo hizo por el bien de la Iglesia, y por el bien de la nación española.

La figura de Vicente Enrique y Tarancón es modelo como precursor de la cultura del encuentro. Como cristiano, por haber participado en la vida pública sin renunciar a su fe en Cristo y la Iglesia; y como hombre, por haber tratado de comprender y acoger a todos sin renunciar a su identidad. Tanto en sus errores como en sus aciertos.

Este artículo trata de realizar una aproximación a la persona del cardenal Tarancón desde los inicios del franquismo hasta los Acuerdos con la Santa Sede de 1979, centrándose especialmente en sus esfuerzos por aplicar las directrices del Concilio Vaticano II —y las exigencias de la sociedad— a la Iglesia en España, esfuerzos de los que derivó la progresiva separación del Régimen hasta la llegada de la democracia. Y, así, sale al encuentro de un hombre de fe y un ejemplo de compromiso público, de diálogo y encuentro con el prójimo.

I. LA IGLESIA ANTE LA GUERRA CIVIL Y EL INICIO DEL FRANQUISMO

El estallido de la Guerra civil española en el año 1936 puso a la Iglesia en España en una situación muy compleja. Por un lado, la Segunda República era la autoridad legítima que se había constituido tras unas elecciones legales en 1931, y la Iglesia debía respetarla como tal; pero, por otro, había mostrado pasividad ante la violencia anticlerical y las persecuciones que posteriormente se produjeron. Por esto, el alzamiento militar de Franco y su defensa de la Iglesia frente a este clima de violencia se presentó como la oportunidad para salvar el cristianismo en España. Y, debido a ello, la Iglesia apoyó el alzamiento con *la Carta colectiva del Episcopado español* de 1937. En palabras del propio cardenal Tarancón:

> *Yo, durante la República y en los comienzos del Movimiento, creía que estábamos haciendo una cosa sana al oponernos a una República que nos parecía dañina para la Iglesia y para España. [...] Ni yo, ni la mayoría de los curas que conocí recibimos con absoluta hostilidad a la República. La propia jerarquía había mostrado su acatamiento al poder constituido. [...] [Pero] la República fue claramente antirreligiosa y [...] pronto entre los católicos comenzó a sentirse hacia ella una hostilidad que hizo que todos viéramos como bienvenido el Alzamiento*[2].

[2] ANDRÉS GALLEGO, J. y PAZOS, A. M.: *La Iglesia en la España contemporánea/2. 1936-1999.* Madrid, Ediciones Encuentro, 1999. pp. 13 y 14.

Podría decirse, por tanto, que el apoyo de la Iglesia española al alzamiento fue debido a intereses comunes más que a una ideología compartida. Como dijo el cardenal Tarancón, la Iglesia encontró un apoyo frente al anticlericalismo violento; mientras que el franquismo necesitaba legitimarse ante la opinión pública[3] —y quedó «casi santificado»[4]—. No obstante, pronto comenzó a considerarse la Guerra civil como una cruzada frente a las actuaciones de la República, ante la sorpresa de los católicos y obispos de otros países[5].

No tardaron en oírse las quejas de filósofos católicos influyentes en el resto de Europa como Maritain, Mounier o Sturzo[6] ante este apoyo al alzamiento nacional. El primero ya había defendido una sociedad «vitalmente cristiana» pero sin identificarla con tratos de favor hacia la Iglesia. De hecho, Maritain criticaba los estados clericales señalando que acababan siendo uno de los mejores argumentos del totalitarismo anticristiano[7]. El propio Pío XI era cauteloso: no llegó a apoyar el alzamiento en un primer momento, y no reconoció el gobierno de Franco hasta mayo de 1938[8].

Como consecuencia, la Iglesia apareció como enemiga de quienes habían luchado contra el alzamiento nacional, y eso que muchos no lucharon por motivos religiosos, y, de hecho, combatieron en un determinado bando porque se

---

[3] FERREIRO GALGUERA, J.: *Relaciones Iglesia-Estado en el Franquismo y en la Transición. Antecedentes de los Acuerdos de 1979*. Pamplona, Aranzadi, 2013. p. 42.

[4] ENRIQUE Y TARANCÓN, V.: *Confesiones*. Madrid, PPC, 1996. p. 208.

[5] *Ibídem*. p. 206.

[6] ANDRÉS GALLEGO, J. y PAZOS, A. M.: *La Iglesia en la España contemporánea/2. 1936-1999*. Madrid, Ediciones Encuentro, 1999. p. 26.

[7] MARTÍNEZ RIVAS, R.: «Jacques Maritain, Los derechos del hombre y la ley natural. Cristianismo y democracia», en *FIDES ET RATIO 1* (Mayo 2016). Páginas 153-155. ISSN: 2444-961X. p. 154.

[8] FERREIRO GALGUERA, J.: *Relaciones Iglesia-Estado en el Franquismo y en la Transición. Antecedentes de los Acuerdos de 1979*. Pamplona, Aranzadi 2013. p. 53.

habían encontrado en aquella mitad de España[9]. Como dice el sacerdote Cruells, personaje de Joan Sales:

> *Cuando, después, me han preguntado tantas veces qué hacía yo entre los «rojos» [...] tengo que acabar siempre dándome la misma respuesta: porque era lo único que podía hacer. Por encima de todo aquel galimatías de motivos ideológicos hubo una división geográfica; para la inmensa mayoría —y yo era uno más— que no entendíamos de política, contaba esto y tal vez nada más*[10].

De esta manera, el Régimen de Franco acabó imponiéndose e instaurando un sistema monocolor con un partido único. El Régimen eliminó todas las asociaciones y unificó los sindicatos, pero permitió la existencia de asociaciones religiosas que no tuvieran objetivos políticos, como Acción Católica o la Hermandad Obrera de Acción Católica y la Juventud Obrera Católica —creadas en 1946 y 1947 para unificar los pequeños grupos que se habían formado para llevar la doctrina evangélica al proletariado[11]—, que jugarían un importante papel en España.

Se produjo el exilio de grandes personalidades del panorama intelectual y literario español, como los miembros de la Generación del 27 o intelectuales como Severo Ochoa o Manuel Azaña, e incluso obispos como Mateo Múgica. Huyeron también dirigentes católicos del Partido Nacionalista Vasco o del partido democristiano *Uniò Democrática de Catalunya*[12] —y, posteriormente, el clero de estas regiones iniciaría una resistencia activa al Régimen—. Y, a partir de este momento, la Iglesia se convirtió en parte esencial del Régimen franquista. Como indicó el propio Tarancón:

---

[9] ENRIQUE Y TARANCÓN, V.: *Confesiones*. Madrid, PPC, 1996. p. 209.

[10] SALES, J.: *Incierta Gloria*. Barcelona, Ediciones Destino, 2012. pp. 377 y 378.

[11] CUENCA TORIBIO, J. M.: *Catolicismo social y político en la España contemporánea (1870-2000)*. Madrid, Unión Editorial, 2003. p. 421.

[12] ANDRÉS GALLEGO, J. y PAZOS, A. M.: *La Iglesia en la España contemporánea/2. 1936-1999*. Madrid, Ediciones Encuentro, 1999. p. 57.

> *Lo más grave de la unión de la Iglesia y el Estado por los años cuarenta es que no producía escándalo entre la buena gente. Se veía como normal que la Iglesia sostuviera a un Estado que estaba dando una legislación católica*[13].

Sin embargo, a partir de este momento, el cardenal Tarancón comenzó a intuir que había que dar un paso imprescindible: conseguir una mayor independencia de la Iglesia respecto al Régimen. Como ya se ha indicado, consideraba que la alianza de la Iglesia con el poder político era positiva; pero pronto se dio cuenta de algo que marcaría el rumbo de sus actuaciones durante los años siguientes:

Tuvieron que pasar bastantes años, con un Concilio que era para nosotros francamente revolucionario, para que me diese cuenta clara de que era indispensable defender a toda costa la independencia de la Iglesia de todo poder político y económico, y adquirir la libertad para proclamar fuertemente las exigencias de la justicia que no estaban plenamente reconocidas[14].

En el año 1950 Tarancón publicó la pastoral *Pan nuestro de cada día* a raíz de una crisis de alimentos en su diócesis, Solsona, defendiendo el derecho de los pobres y los obreros a conseguir pan. Tuvo una gran repercusión en toda España —de hecho, acabó solucionando el problema de escasez—, pero el Régimen trató de evitar que se publicase. Años después, el cardenal Tarancón diría que «se dio a la pastoral y a mi gesto una importancia que en realidad no tenían»[15]. A partir de ese momento se tildó al entonces obispo de revolucionario.

En el año 1953 se firmó el Concordato entre la Santa Sede y el Régimen. En esa época el Estado estaba sumido en el aislacionismo, necesitaba reconocimiento internacional, y la Santa Sede podía prestárselo. El Vaticano, sin em-

---

[13] *Ibídem*. p. 51.

[14] ENRIQUE Y TARANCÓN, V.: *Confesiones*. Madrid, PPC, 1996. p. 53.

[15] *Ibídem*. p. 117.

bargo, tenía reticencias debido a ciertos aspectos de la ideología del régimen y a sus discrepancias en materia sindical o social, aunque al final accedió a la firma[16]. A pesar de todo, se ha afirmado que el Concordato nació viejo[17] debido a los planteamientos que contenía, más cercanos a 1945 que a 1953, en los albores del Concilio Vaticano II. De hecho, presentaba cuestiones como el derecho de presentación de obispos por parte del Estado que fueron posteriormente causa de conflictos graves con el Vaticano.

II. EL IMPACTO DEL CONCILIO VATICANO II

> *He querido comprender que la Providencia iba preparando poco a poco al pueblo de Dios para ese gran acontecimiento del Concilio. Sin los documentos sociales y políticos de León XIII, sin el impulso dado por Pío XI a la colaboración eclesial de los seglares y sin la asunción por Pío XII de los progresos de la ciencia y de las novedades que ofrecía la nueva cultura, no hubiera sido posible el acontecimiento conciliar. [...] Pero hacía falta el profeta que, sin pensar demasiado y obedeciendo plenamente a la llamada de Dios, realizase el gesto profético, aunque no alcanzase las consecuencias del mismo. Este fue Juan XXIII*[18].

Estas palabras de Tarancón reflejan que la convocatoria del Concilio Vaticano II en 1959, si bien produjo sorpresa en amplios sectores del catolicismo —especialmente en España—, había venido gestándose durante décadas. La genialidad de Juan XXIII fue comprender su tiempo, aceptar con sencillez la adaptación de la Iglesia católica que exigía el mundo y la sociedad, y recoger las aportaciones de los papas que le precedieron.

---

[16] FERREIRO GALGUERA, J.: *Relaciones Iglesia-Estado en el Franquismo y en la Transición. Antecedentes de los Acuerdos de 1979*. Pamplona, Aranzadi, 2013. p. 87.

[17] *Ibídem*. p. 104.

[18] ENRIQUE Y TARANCÓN, V.: *Confesiones*. Madrid, PPC, 1996. p. 145.

Respecto a las consecuencias del Concilio en lo que se refiere a España, obligó a la sociedad a «una renovación profunda» de la mentalidad y práctica católica[19]. Fue restringido y temido en algunos sectores cercanos al Régimen, y fue exaltado y radicalizado por otros sectores más próximos al socialismo. Pero, en cualquier caso, como indica Tarancón: «el Vaticano II había sido un acto casi trascendental para la vida de la Iglesia, dado que en él se había realizado un intento serio de reflexión para adaptar su vida y sus estructuras a las necesidades de los tiempos actuales»[20].

Si bien es cierto que el Concilio fue una sorpresa en toda Europa, en la mayor parte de los países europeos se había consolidado la influencia de pensadores católicos como De Lubac, Guardini, Maritain, o Mounier; por lo que los planteamientos del Concilio no les resultaban extraños. En España, sin embargo, aunque ya habían llegado estas nuevas corrientes de pensamiento, parecía que los obispos eran ajenos a ellas[21].

Respecto a la labor del Concilio, se fueron realizando diferentes declaraciones durante su desarrollo y clausura —ya siendo papa Pablo VI, tras la muerte de Juan XXIII en 1963—. Por ejemplo, la declaración sobre el ecumenismo, sobre las relaciones de la Iglesia con las religiones no cristianas, el deber pastoral de los obispos en la Iglesia —promocionando la figura de la Conferencia Episcopal—, el apostolado de los seglares, o la encíclica *Pacem in terris* sobre la paz entre todos los pueblos. Pero, como el propio Tarancón afirma, fueron la constitución *Gaudium et spes*, sobre la Iglesia y el mundo, y la declaración *Dignitatis humanae*, sobre la libertad religiosa, las que más dificultades

---

19 *Ibídem*. p. 217.

20 MARTÍN DE SANTA OLALLA, P.: *La Iglesia que se enfrentó a Franco. Pablo VI, la Conferencia Episcopal y el Concordato de 1953*. Madrid, Editorial Dilex, 2005. p. 23.

21 ANDRÉS GALLEGO, J. y PAZOS, A. M.: *La Iglesia en la España contemporánea/2. 1936-1999*. Madrid, Ediciones Encuentro, 1999. p. 128.

plantearían para la Iglesia española[22]. Llevaban a cabo una implícita defensa de la democracia, y una explícita defensa de los partidos políticos. Por tanto, deslegitimaban el Régimen de Franco.

La constitución *Gaudium et Spes* defendía la independencia de la Iglesia frente a cualquier Estado, la dignidad de la persona y el apoyo a los sindicatos libres, además de la participación de los ciudadanos en la vida política. Todos eran postulados bastante distintos a la realidad política española[23]. Por su lado, la declaración *Dignitatis humanae* hacía una llamamiento a la libertad religiosa individual y colectiva. Si a esto se le añade el Decreto *Christus Dominus*[24] —que sugería a los gobiernos que renunciaran al derecho de presentación de obispos—, se puede comprender el impacto que causó en España el Concilio, y el desconcierto en el que se sumió gran parte de su población.

A este desconcierto atribuye el cardenal Tarancón la reacción de algunos sectores del episcopado y del clero, que tuvieron miedo de las repercusiones del Concilio y trataron de restringirlas. El cardenal afirma que todos los obispos aceptaron de buena manera las directrices del Concilio, pero que discreparon en cuestiones del ritmo de la renovación eclesial; dado que, al fin y al cabo, «existen entre los obispos las mismas tendencias que en el pueblo de Dios y los mismos temores que acongojan a algunos»[25].

A raíz del Concilio Vaticano II en 1966 se produjo la creación de la Conferencia Episcopal, con el cardenal Quiroga Palacios como presidente. Según el artículo 1 de sus

---

[22] ENRIQUE Y TARANCÓN, V.: *Confesiones*. Madrid, PPC, 1996. p. 217.

[23] MARTÍN DE SANTA OLALLA, P.: *La Iglesia que se enfrentó a Franco. Pablo VI, la Conferencia Episcopal y el Concordato de 1953*. Madrid, Editorial Dilex, 2005. p. 38.

[24] FERREIRO GALGUERA, J.: *Relaciones Iglesia-Estado en el Franquismo y en la Transición. Antecedentes de los Acuerdos de 1979*. Pamplona, Aranzadi, 2013. p. 125.

[25] ENRIQUE Y TARANCÓN, V.: *Confesiones*. Madrid, PPC, 1996. p. 233.

Estatutos, se constituía «en comunión con el Papa y bajo su autoridad para el ejercicio conjunto de la misión del episcopado español en los asuntos de interés común»[26]. En junio de 1966 publicó el documento *Iglesia y el orden temporal*, acogiendo las indicaciones del Concilio de una manera que se consideró insuficiente por parte de los católicos españoles.

En este contexto, se dio un clima de inquietud creciente en el catolicismo español, que derivó en la crisis y caída de Acción Católica en 1967. A juicio de Tarancón, esta crisis se produjo porque los obispos no supieron comprender el papel de los seglares dentro de la Iglesia[27], y no supieron redactar unos Estatutos que contentaran a una cada vez más inquieta población seglar.

III. EL PROGRESIVO DISTANCIAMIENTO DE LA IGLESIA Y EL RÉGIMEN

Mientras se sucedían estos acontecimientos, Tarancón fue trasladado de la diócesis de Oviedo a Toledo en 1969, tras la muerte del cardenal Pla y Deniel; y nombrado vicepresidente de la Conferencia Episcopal. Ese mismo año, fue nombrado cardenal junto al obispo Tabera —lo que puso de relevancia la confianza que el papa Pablo VI tenía depositada en él—. El Papa cada vez estaba más inquieto por la situación de España, como pudo verse en un discurso pronunciado en junio de 1969, cuando se refirió a diversos conflictos mundiales, e incluyó el caso de España haciendo mención a las diócesis vacantes[28]. Según el propio

---

[26] MARTÍN DE SANTA OLALLA, P.: *La Iglesia que se enfrentó a Franco. Pablo VI, la Conferencia Episcopal y el Concordato de 1953*. Madrid, Editorial Dilex, 2005. p. 77.

[27] ENRIQUE Y TARANCÓN, V.: *Confesiones*. Madrid, PPC, 1996. p. 332.

[28] MARTÍN DE SANTA OLALLA, P.: *La Iglesia que se enfrentó a Franco. Pablo VI, la Conferencia Episcopal y el Concordato de 1953*. Madrid, Editorial Dilex, 2005. p. 101.

cardenal Tarancón, «el Papa no veía con buenos ojos la vinculación que la Iglesia española tenía con el Régimen»[29]. Y favoreció en lo que pudo la gradual separación de ambos.

Por otro lado, en esos tiempos el cardenal ya estaba pendiente de las consecuencias que podría llegar a tener el fallecimiento de Franco para el Régimen. Por ello, era partidario de llevar a cabo un progresivo distanciamiento del Régimen, sin realizar grandes cambios en las relaciones de la Iglesia y el mismo. Así, en 1970 se vio sorprendido por la noticia de que Antonio Garrigues —embajador español ante la Santa Sede— y el cardenal Casarolli —Secretario de Estado de la Santa Sede— tenían un proyecto de concordato para actualizar las relaciones de la Iglesia y el Estado español[30]. Esto, a juicio de Tarancón, habría supuesto dar aliento a un régimen que parecía condenado a extinguirse con la muerte de Franco.

El cardenal viajó a Roma y se entrevistó con Pablo VI para aclarar el asunto, y se decidió que no se firmaría un concordato con el Estado español sin la aprobación de la Conferencia Episcopal[31]. Tarancón explica la actitud del Papa —que, al fin y al cabo, había aprobado las negociaciones de un concordato a espaldas de los obispos españoles— por el interés que tenía en la renovación española y el dolor que le producía que se pensara que no quería a España[32].

En el año 1971, debido a la preocupación por la situación de la Iglesia en España, se decidió celebrar una Asamblea conjunta entre los obispos y los sacerdotes —auspiciada por la Comisión Permanente del Clero en la que trabajaba Tarancón—. Se lanzó previamente una encuesta

---

[29] ENRIQUE Y TARANCÓN, V.: *Confesiones*. Madrid, PPC, 1996. p. 252.

[30] FERREIRO GALGUERA, J.: *Relaciones Iglesia-Estado en el Franquismo y en la Transición. Antecedentes de los Acuerdos de 1979*. Pamplona, Aranzadi, 2013. p. 148.

[31] *Ibídem*. p. 155.

[32] ENRIQUE Y TARANCÓN, V.: *Confesiones*. Madrid, PPC, 1996. p. 294.

para conocer la opinión del clero respecto a diversos aspectos de la realidad eclesiástica[33]. En la Asamblea se sometieron a votación algunas de estas cuestiones, como el celibato o la Guerra civil, para llegar a un acuerdo. Tarancón afirmó que «los sacerdotes de uno y otro signo dieron prueba de una madurez humana y sacerdotal extraordinaria»[34], y que se dio un diálogo sereno con conclusiones que fueron aprobadas por más de dos tercios de los asistentes. Sin embargo, algunos obispos idearon una estrategia para desacreditar a la Asamblea falsificando una nota del Vaticano que afirmaba que el Papa desaprobaba las conclusiones de la misma[35]; lo que perjudicó bastante, a juicio de Tarancón, a la Asamblea.

Los principales frutos de esta Asamblea, según los valoró el cardenal Tarancón, fueron el acercamiento de los obispos a los sacerdotes, la progresiva desvinculación de la Iglesia con el Régimen, y la consiguiente independencia del Régimen en el momento de su caída[36]. No obstante, hay que destacar, ante todo, la petición de perdón que realizó la Iglesia española respecto a su actuación en la Guerra civil, el primer *mea culpa* de una Iglesia que había sido perseguida, petición que constituyó un paso decisivo en la reconciliación nacional[37].

> *Si decimos que no hemos pecado, hacemos a Dios mentiroso y su palabra ya no está en nosotros. Así, pues, reconocemos humildemente y pedimos perdón porque no siempre hemos sabido ser ver-*

---

[33] *Ibídem.* p. 247.

[34] *Ibídem.* p. 414.

[35] Véase MARTÍN DE SANTA OLALLA, P.: *La Iglesia que se enfrentó a Franco. Pablo VI, la Conferencia Episcopal y el Concordato de 1953.* Madrid, Editorial Dilex, 2005. pp. 110 a 112; y ENRIQUE Y TARANCÓN, V.: *Confesiones.* Madrid, PPC, 1996. pp. 491 a 514.

[36] ENRIQUE Y TARANCÓN, V.: *Confesiones.* Madrid, PPC, 1996. pp. 522 y 523.

[37] LABOA, J. M., PIERINI, F. y ZAGHENI, G.: *Historia de la Iglesia. Edad Antigua, Media, Moderna y Contemporánea, y la Iglesia en España.* Madrid, San Pablo, 2005. p. 1387.

daderos ministros de reconciliación en el seno de nuestro pueblo, dividido por una guerra entre hermanos[38].

En marzo de 1972 el cardenal Tarancón fue elegido presidente de la Conferencia Episcopal, momento en el que ya había sido nombrado arzobispo de Madrid-Alcalá; nombramientos que le hicieron adquirir una mayor relevancia en el panorama nacional. En enero de 1973 se publicaría *La Iglesia y la Comunidad Política*, documento de la Conferencia Episcopal con el que la Iglesia rechazó sus privilegios, pues haciéndolo «no sólo seguiría el ideal cristiano de no colocar sus esperanzas en los poderes humanos sino que contribuiría a profundizar y consolidar la mutua independencia entre Ella [la Iglesia] y el Estado»[39]. Esta declaración demuestra que, poco a poco, las intenciones de Tarancón se iban cumpliendo.

No obstante, mientras se realizaban estos avances, el ambiente social se iba enrareciendo. El motín de la cárcel de Zamora, el encierro en la Nunciatura apostólica y en el Seminario de Madrid o la huelga de hambre en la misma cárcel de Zamora[40] pusieron de manifiesto el descontento de los católicos —que se iban rebelando contra el Régimen— y, a su vez, complicó las relaciones de la Iglesia con el Estado, puesto que éste quería actuar de una manera contundente contra ellos, y la Iglesia trataba de impedirlo. Tarancón identificó en esta época tanto a grupos de izquierda como de derecha que buscaban desestabilizar las relaciones entre la Iglesia y el Régimen, buscando su propio provecho ante estos conflictos[41].

---

[38] ENRIQUE Y TARANCÓN, V.: *Confesiones*. Madrid, PPC, 1996. p. 470.

[39] FERREIRO GALGUERA, J.: *Relaciones Iglesia-Estado en el Franquismo y en la Transición. Antecedentes de los Acuerdos de 1979*. Pamplona, Aranzadi, 2013. p. 164.

[40] Véase ENRIQUE Y TARANCÓN, V.: *Confesiones*. Madrid, PPC, 1996. pp. 552 a 568.

[41] *Ibídem*. p. 580.

El 20 de diciembre de 1973 un atentado de ETA acabó con la vida del almirante Carrero Blanco, entonces Presidente del Gobierno. Durante el entierro, celebrado por el cardenal Tarancón, se oyeron gritos de «Tarancón al paredón»[42] y se vivió un clima de auténtica tensión —se llegó a poner escolta policial al cardenal—. Sin embargo, el arzobispo de Madrid-Alcalá celebró el funeral y en la homilía se refirió a la esperanza del cristiano ante la muerte, insistiendo en el servicio a los demás y responsabilidad con la patria. Y recordó las palabras que un día le dijo el almirante: «Ha de saber, señor cardenal, que para mí es más importante ser hijo de la Iglesia que ser vicepresidente del Gobierno»[43].

Tras la muerte de Carrero Blanco, accedió a la Presidencia del Gobierno Carlos Arias Navarro. Las relaciones que comenzaron con aparente cordialidad entre la cabeza de la Iglesia en España y el Presidente pronto se vieron alteradas por un episodio de auténtica tensión que a punto estuvo de producir la ruptura unilateral de las relaciones del Régimen con la Santa Sede: el caso Añoveros[44]. La anulación de la Asamblea cristiana de Vallecas[45], la imposición de multas a los sacerdotes[46] y la persecución de sacerdotes vascos y catalanes evidenciaron que las relaciones entre la Iglesia y el Estado se iban haciendo cada vez más tensas, a pesar de los esfuerzos del cardenal Tarancón y de los obispos por mantener la calma. Además, a esto se sumó la práctica cancelación de las negociaciones de un nuevo concordato, dado que una nueva visita del cardenal Tarancón en 1974 a Pablo VI consiguió convencer al Papa de que la

---

[42] *Ibídem*. p. 611.

[43] *Ibídem*. pp. 616 a 619.

[44] Véase ENRIQUE Y TARANCÓN, V.: *Confesiones*. Madrid, PPC, 1996. pp. 627 a 693.

[45] Véase ENRIQUE Y TARANCÓN, V.: *Confesiones*. Madrid, PPC, 1996. pp. 751 a 813; y MARTÍN DE SANTA OLALLA, P.: *La Iglesia que se enfrentó a Franco. Pablo VI, la Conferencia Episcopal y el Concordato de 1953*. Madrid, Editorial Dilex, 2005. p. 459.

[46] ENRIQUE Y TARANCÓN, V.: *Confesiones*. Madrid, PPC, 1996. p. 814.

muerte de Franco estaba cerca y no convenía celebrar ningún acuerdo con el Régimen[47].

A este escenario de conflicto se añadió otro foco: las ejecuciones de 1975[48]. El Papa había tratado de intervenir para evitar la ejecución de cinco terroristas, condenados a muerte mediante un proceso sumarísimo. Se refirió duramente al Régimen español en plena condena internacional de las ejecuciones, lo que produjo la llamada a consultas del embajador español ante la Santa Sede. El cardenal Tarancón se encontraba en Roma en esos momentos y pudo hablar con Pablo VI, lleno de dolor ante lo que consideraba que había sido un desacierto por parte del pontífice. No obstante, comprendió los motivos del Papa, que se encontraba en un momento en que veía la necesidad de fijar públicamente la postura de la Iglesia frente al carácter sagrado de la vida, incluso frente a un Régimen confesional católico. El cardenal se esforzó durante esos días en Roma para hacer comprender a los obispos y a los religiosos y religiosas con los que se encontraba los motivos que habían guiado al Santo Padre.

Las relaciones entre la Iglesia y el Estado estaban en este estado en el momento en que, el 20 de noviembre de 1975, el Jefe de Estado falleció.

IV. LA TRANSICIÓN DEMOCRÁTICA ESPAÑOLA

> *Tomáis las riendas del Estado en una hora de tránsito [...]. España, con la participación de todos y bajo vuestro cuidado, avanza en su camino y será necesaria la colaboración de todos, la prudencia de todos, el talento y la decisión de todos para que sea el camino de la paz, del progreso, de la libertad y del respeto mutuo que todos deseamos. [...] La Iglesia no patrocina ninguna forma ni ideología política [...] pero sí exigirá a todas [las*

[47] *Ibídem.* p. 733.

[48] Véase ENRIQUE Y TARANCÓN, V.: *Confesiones.* Madrid, PPC, 1996. pp. 817 a 856.

autoridades] que estén al servicio de la comunidad entera. [...] La Iglesia no pide ningún tipo de privilegio [...]. Dios nos dé luz a todos para construir juntos una España mejor [...][49].

La homilía pronunciada por el cardenal Tarancón con motivo de la exaltación del Rey Juan Carlos I al trono de España refleja la consecución de los objetivos que la Iglesia en España, encabezada por el arzobispo de Madrid-Alcalá, se había propuesto desde el Concilio Vaticano II: la independencia de la Iglesia y el Estado para que la primera pudiera llevar a cabo su misión de acercar a Cristo a todos los hombres sin estar sujeta a poderes temporales.

Durante la Transición, la Iglesia participó activamente en el ambiente conciliador y de encuentro entre distintos puntos de vista y opciones políticas, sin apoyar ninguna de ellas. Por ejemplo, cuando se pidió la amnistía, «si bien con discreción, la Iglesia española también se sumó a esa súplica»[50] de todos los partidos políticos, como el PSOE y el PCE, que por fin podían participar en la construcción del Estado. La aprobación de la Ley de Asociaciones Políticas en mayo de 1976 —Adolfo Suárez «insistió en la necesidad de reconocer el pluralismo político que ya era una realidad en la calle»[51]— y la legalización del Partido Comunista en 1977 —una vez dimitido Arias Navarro, y siendo Presidente Adolfo Suárez— posibilitó el encuentro de todos los partidos políticos y, por tanto, de todos los ciudadanos.

Respecto al estatus de la Iglesia dentro del Estado, el cambio se planteó en dos fases: en la primera, la firma de un convenio-marco —renunciando ambas partes a sus privilegios: el derecho de fuero y de presentación de obispos—. En la segunda fase, llevar a cabo diversos acuerdos para derogar los correspondientes artículos del Concorda-

---

[49] *Ibídem*. pp. 864 a 868.

[50] FERREIRO GALGUERA, J.: *Relaciones Iglesia-Estado en el Franquismo y en la Transición. Antecedentes de los Acuerdos de 1979*. Pamplona, Aranzadi, 2013. p. 188.

[51] *Ibídem*. p. 193.

to de 1953, hasta que se produjera el cambio completo[52]. El convenio-marco se ratificó el 19 de agosto de 1976.

La aprobación de la Ley para la Reforma Política el 18 de noviembre de 1976, el regreso de exiliados en abril y mayo de 1977 como Alberti, María Teresa León, Federica Montseny y otros, las elecciones democráticas de 15 de junio de 1977 y los Pactos de la Moncloa fueron pasos necesarios para que, el 6 de diciembre de 1978, se proclamara la Constitución española.

La Iglesia, desde el principio, no quiso quedar ligada a ninguna opción política. El propio cardenal Tarancón «no era partidario de los partidos confesionales. En contestación a los buenos oficios de Benelli [para apoyar un partido democristiano en las elecciones], afirmó que fuera cual fuese la experiencia italiana, no era conveniente repetirla en España»[53]. Sin embargo, el cardenal también «animaba a los católicos a participar activamente en la confrontación política afirmando que era lícito, conveniente, y hasta puede ser necesario la constitución de partidos de inspiración cristiana»[54]. El cardenal sentía una clara preferencia por Unión de Centro Democrático, y una gran estima por Adolfo Suárez.

Respecto al proyecto constitucional, «Tarancón reflejó la inquietud que le producía el hecho de que el poder constituyente decidiese pasar sin solución de continuidad de un estatismo confesional a un estatismo anticonfesional o beligerante»[55]. La Iglesia proclamó su derecho a defender aspectos de la moralidad católica, reclamando su nuevo espacio dentro de la configuración política en España. Como él mismo declaró: «No vamos a pedir un orden constitucional a nuestra medida, ni siquiera una Constitución que resuelva nuestros problemas. Pero sí tenemos derecho

---

[52] *Ibídem.* p. 196.

[53] *Ibídem.* p. 228.

[54] *Ibídem.* pp. 230 y 231.

[55] *Ibídem.* p. 237.

a exigir una Constitución que reconozca y dé vigencia a nuestra presencia en el mundo real de nuestra sociedad»[56].

Una nota de la Comisión Permanente de la Conferencia Episcopal de septiembre de 1978 otorgó libertad a los católicos para votar sí o no en el referéndum constitucional. El cardenal Tarancón indicó, de hecho, que «no era legítimo invocar razones religiosas para incitar a votar en contra»[57]. Esto resulta especialmente significativo teniendo en cuenta que la Constitución establecía la aconfesionalidad del Estado y la libertad religiosa, dentro del respeto a la Iglesia católica, mayoritaria en la sociedad. Con la aprobación de la Constitución, Adolfo Suárez afirmó que se había puesto fin a la cuestión religiosa[58]. Y, en cierto sentido, así fue, ya que, finalmente, la constitución *Gaudium et spes* y la declaración *Dignitatis humanae* se hacían realidad en España.

Finalmente, los Acuerdos entre el Estado Español y la Santa Sede se ratificaron el jueves 13 de septiembre de 1979[59].

V. CONCLUSIONES

> *Me propuse dos objetivos: aplicar a España las enseñanzas del concilio Vaticano II en lo referente a la independencia de la Iglesia de todo poder político y económico, y procurar que la comunidad cristiana se convirtiese en instrumento eficaz de reconcilia-*

---

56 LABOA, J. M., PIERINI, F. y ZAGHENI, G.: *Historia de la Iglesia. Edad Antigua, Media, Moderna y Contemporánea, y la Iglesia en España.* Madrid, San Pablo, 2005. p. 1386.

57 FERREIRO GALGUERA, J.: *Relaciones Iglesia-Estado en el Franquismo y en la Transición. Antecedentes de los Acuerdos de 1979.* Pamplona, Aranzadi, 2013. p. 266.

58 ANDRÉS GALLEGO, J. y PAZOS, A. M.: *La Iglesia en la España contemporánea/2. 1936-1999.* Madrid, Ediciones Encuentro, 1999. p. 214.

59 FERREIRO GALGUERA, J.: *Relaciones Iglesia-Estado en el Franquismo y en la Transición. Antecedentes de los Acuerdos de 1979.* Pamplona, Aranzadi, 2013. p. 273.

> *ción para superar el enfrentamiento entre los españoles que había culminado en la Guerra civil. En resumen, tratar que la Iglesia perdiese influencia política y ganase credibilidad religiosa.*
>
> *Yo actué así porque consideraba indispensable esa actitud, que necesariamente tenía que ser constructiva, para purificar a la comunidad de creyentes. Y para que la Iglesia pudiera reclamar, en la nueva situación política, la libertad evangelizadora que le era indispensable. Por eso luché, y esta es mi defensa y mi* apología. *Si he fallado en el empeño lo dirá la Historia. Mi conciencia está tranquila*[60].

Con estas palabras, el cardenal Tarancón resume los motivos que le llevaron a actuar como lo hizo dentro de la Iglesia y de la sociedad española. Desde el principio tuvo claro que, para aplicar el Concilio Vaticano II en España, era necesaria una progresiva distanciación del Régimen franquista y una mayor libertad religiosa para todos los hombres. Por ello, se podría decir que la transición en la Iglesia comenzó con el Concilio. Así, durante años, de manera gradual, se fueron aplicando las líneas del Concilio en España hasta la llegada de la democracia y la consolidación de la libertad religiosa y la separación Iglesia-Estado.

De esta manera, cuando se cantaban *Capitán Trueno, Libertad sin ira, ¡Habla, pueblo, habla!* o *Querida España* en las calles en tiempos de la Transición política, como expresión del entusiasmo que se había apoderado de los españoles, ese entusiasmo también fue compartido por la comunidad eclesial.

La labor del cardenal Tarancón dentro de la Iglesia tuvo repercusiones en el acontecer histórico de toda la nación española, posibilitando el clima de reconciliación y encuentro entre todos los españoles. Como hombre de Dios, y como español, cumplió las palabras proféticas de Jacques Maritain respecto a la II Guerra Mundial: «hay algo

---

[60] LABOA, J. M., PIERINI, F. y ZAGHENI, G.: *Historia de la Iglesia. Edad Antigua, Media, Moderna y Contemporánea, y la Iglesia en España.* Madrid, San Pablo, 2005. p. 1398.

nuevo que los hombres deberán construir después de esta guerra, en medio de las ruinas, si la inteligencia, la buena voluntad y las energías creadoras prevalecen en ellos»[61].

[61] MARITAIN, J.: *Los derechos del hombre y la ley natural. Cristianismo y democracia.* Madrid, Ed. Palabra, 2001. p. 50.

VOLVER A EMPEZAR: EL CINE DE LA TRANSICIÓN

JOSÉ MENDO MUÑOZ
Universidad Rey Juan Carlos

Aunque no existe acuerdo sobre la acotación temporal de la Transición española, se acepta, en sentido preciso, que esta fase se inicia tras la muerte del general Franco (20 noviembre de 1975) y consiguiente proclamación de Juan Carlos I como rey, hasta la subida al poder de un gobierno socialista en 1982. Otros autores amplían aún más este período y sitúan sus inicios en el magnicidio del Presidente del Gobierno, Almirante Luis Carrero Blanco el 20 de diciembre de 1973 y lo finalizan con la incorporación de España a la Comunidad Económica Europea el 1 de enero de 1986. Tomemos un período u otro, se iniciaba en cualquier caso un contexto político de gran incertidumbre. Tanto en lo político como en lo judicial, la transición a la democracia en España se basó, fundamentalmente, en un consenso que integró el pasado franquista con un nuevo proyecto de Estado. Comenzaba de esta manera un complejo proceso de transición que llevaría a España de una dictadura de casi cuarenta años a un sistema democrático, sirviendo con el transcurso del tiempo como modelo para otros países dada la escasa violencia que le acompañó, si bien, no fue aplicable en otros estados debido a las diferentes estructuras socio-políticas existentes.

En este período de tiempo los expertos han estudiado el cine, no solo como arte, sino también como decía el catedrático Román Gubern: *«Industria y Comercio; eso es el cine, además de arte y espectáculo»*[1] —. Pero no solo es eso, el cine es, también, vehículo ideológico, documento sociológico, antropológico e histórico de la época y factoría de mitos, sin perder su carácter de «industria» y «mercancía» sujetas a los vaivenes de la oferta y la demanda cuyo objetivo último es proporcionar unos beneficios al productor, al distribuidor y al exhibidor. Desde una óptica socio-histórica las películas producidas en ese periodo nos van a mostrar con más o menos fortuna los procesos de reforma política y de modernización social que se estaban produciendo en todas las facetas (la democracia, el papel de la mujer, el sexo, la homosexualidad, la cultura, la Iglesia, etc.) e igualmente la forma en que se comenzaba a recuperar la memoria de los derrotados en la guerra civil.

Pero ¿esas películas nos van a mostrar los cambios y procesos de la Transición? ¿es el cine un reflejo absoluto de la realidad? ¿constituye una fuente histórica? Entendemos que no en su totalidad. Es una reinterpretación de esa realidad. *«El problema es metodológico; se trata de recurrir a la ficción y a lo imaginario para definir los elementos de realidad. … También hemos demostrado que el noticiario, la película de ficción y la película de propaganda constituían materiales de la misma índole para el historiador… Cada plano es un cuadro a cuyo análisis podría dedicarse pacientemente la crítica histórica, que durante tanto tiempo ha desdeñado estas fuentes»*[2]. Un film, más allá de la realidad representada, tiene zonas de la Historia que permanece escondida, invisible, imperceptible para la primera lectura, un fragmento de Historia o una parcela de realidad. El cine es una reescritura de la Historia, tanto el

---

[1] Gubern, Román. *«Historia del Cine»*. Ed. DANAE. Barcelona 1971.

[2] Ferro, Marc. *Revue Mélanges Braudel*, vol. II, París, 1973.

cine real (documental) como el cine de ficción. Esta circunstancia supone un reto al historiador, que no está acostumbrado a manejar este tipo de fuentes «nuevas» y que, posiblemente, quizás no sea capaz de hacerlo. Por otro lado, el cine es un *«contraanálisis de la sociedad»*[3] que pone de manifiesto que no todo es como lo habíamos pensado ni como ha ocurrido. En palabras de Marc Ferro, uno de los más brillantes representantes actuales de la Escuela de los Annales, *«(hay que)...recurrir a la ficción y a lo imaginario para definir los elementos de realidad»*. Quizás hace falta una revisión metodológica del panorama cinematográfico como una fuente histórica.

El cineasta Constantin Costa-Gravas afirmaba que, «todo el cine es político» (entrevista en el diario *«El País»* de 28-11-03). El cine tiene una capacidad documental que nos la muestra en cada fotograma y éstos, no solo nos revelan la sociedad, la reconstrucción antropológica, la cultura material, la vida cotidiana en síntesis, sino que nos aportan también una historia política. En las películas siempre hay una zona «escondida», una zona de la historia no apreciable a primera vista. Por eso es necesario aplicar el análisis histórico como metodología, para examinar un documento fílmico. Y ya sin tanta filosofía ni «contraanálisis social» el cine *«es, desde comienzos del siglo XX, el relato épico de las personas a las que le gusta la historia»*[4]. Cabría preguntarse si la historia es la realidad pretérita de las personas a quienes les gusta el cine.

En el caso que nos ocupa, cine español de la Transición, y consecución de un gran pacto nacional de consenso, la cultura oficial fue dirigida hacia promesas de futuro y modernidad que nacían de ese consenso, una característica de la Transición. Esa doble vertiente de la cultura del período afectó a todos sus ámbitos. Uno de ellos, evidentemente, fue el cine, donde la dependencia cada vez mayor de las

---

[3] Ferro, Marc, *«El film, un contraanálisis de la sociedad»*, pág. 110.

[4] San Miguel Pérez, E. *«La lectora de Fontevraud»*. Ed. Dykinson, S.L. Madrid. 2013, pag. 43.

producciones cinematográficas con financiación del Estado, fue fundamental en este proceso. En la transición tuvo gran importancia el apoyo, por ejemplo, a proyectos cinematográfico de adaptaciones literarias prestigiosas (*«La colmena»*, 1982, de Mario Camús, basada en la novela de Camilo José Cela, *«Los santos inocentes»*, 1984, de Mario Camús, basada en Miguel Delibes, *«La Plaza del Diamante»*, 1981, de Francesc Betriu, basada en la novela de Mercé Rodoreda, *«Tiempo de silencio»*, de Vicente Aranda, 1986, basada en Luis Martín-Santos, *«El disputado voto del Sr. Cayo»*, 1986 nuevamente Mario Camús y guión basado en Miguel Delibes, *«El bosque animado»*, 1986 de José Luis Cuerda basada en W. Fernández Flórez, etc.). Todas estas películas nos hicieron reflexionar sobre momentos del pasado, a veces dolorosos, pero encajables en el sustento político determinado por el consenso imperante en la transición. Además, y paradójicamente, tuvieron un significativo éxito de taquilla (objetivo último del cine). Como escribió un experto[5]: *«...(este hecho supuso) ... la constatación de que el Estado democrático podía tener, contra lo que cabía esperar, no sólo criterios políticos a la hora de conceder subvenciones, sino también temáticos y hasta estéticos»*. En resumen, esta política que el Estado inicia, incide no sólo en la estética de las películas sino que es un estándar para que las subvenciones se dirijan a producciones con temas interesantes, además del aspecto estético ya mencionado.

¿Cómo se ha interpretado la cultura de la transición a lo largo de estos últimos años? La mayor parte de los analistas han adoptado una postura crítica, ya que han descrito cómo el proyecto político de esos años ha tenido una dependencia absoluta respecto a «pasar página» y al consenso, exaltando la modernidad, dejando a un lado la cultura que deseaba ahondar en las heridas del pasado y, contrariamente, mirar al futuro.

[5] TorreiroC.: *«Del tardofranquismo a la democracia (1969-1982)»* en Román Gubern, José Enrique Monterde, Julio Pérez Perucha, Esteve Riambau y Casimiro Torreiro: «Historia del cine español». Madrid, Cátedra, 1995, p. 377.

Para la mayoría de los críticos la cultura de esos años tuvo un efecto algo aletargador que se manifestó a través del desencanto, el abandono de muchos intelectuales y la explosión de movimientos hedonistas y lúdicos —como fue el fenómeno de la «movida»—, y la frustración de parte de una generación que, quizás, echaba en falta un proceso de catarsis.

Para entender qué tipo de cine se hizo en la Transición debemos conocer desde el punto de vista político-administrativo y profesional las disposiciones y acuerdos que se tomaron, y que afectaron muy directamente a las producciones cinematográficas:

— Real Decreto de 11 de noviembre de 1977: se suprime la censura y se consagra el principio de libertad de expresión. A su vez, se liberaliza la entrada de todo tipo de cine extranjero a España, así como cualquier tipo de producción nacional.

— 1978: se celebra un Congreso Democrático del Cine Español, donde se pone de manifiesta la necesidad de proteger el cine español frente al cine norteamericano.

— Aparición de productoras cinematográficas autonómicas en Cataluña, País Vasco o Galicia.

— Ley Miró de 1982, que dio un impulso definitivo al cine español.

No olvidemos que el cine español venía arrastrando ya desde el franquismo una grave crisis estructural de la que tardará muchos años en recuperarse.

Existe un denominador común en la mayoría de realizadores españoles, en el sentido del intento de recuperación de muchos aspectos que se habían olvidado y perdido, consciente o inconscientemente, durante la etapa anterior. No solo historiadores, sino cineastas tratan de recuperar una Historia tergiversada, manipulada hasta lo indecible a mayor gloria de los vencedores de la Guerra Civil. Tenemos como muestra *«Pim, pam, pum...fuego»* (1975), de Pedro Olea. Es una visión durísima de la postguerra, ubicada en Madrid, en un mundo de estraperlistas, contrabandistas, traficantes, intereses políticos inmorales, unido todo ello al personaje de un maquis que llega a Madrid huyendo de la Policía y Guardia Civil y se aloja en la casa de la protagonista, amante (la «querida») de un jerarca del régimen. Otra magnífica película que expone una nueva visión del régimen franquista es *«La colmena»*, de Mario Camús, dirigida en 1982 y basada en la obra de Camilo José Cela. Se sitúa en un Madrid mísero, lleno de miedo, de pobreza y de represión, en los años cuarenta.

A veces, los films analizan y revisan los pretendidos «valores» franquistas que, aplicando la ideología del régimen, se han hurtado a las anteriores generaciones. No solo el cine de la transición se remite a la guerra civil, la represión política, el maquis, los vencidos, etc., sino que aborda otras temáticas. En *«Asignatura pendiente»* (1977), de José Luís Garci, se nos muestra la historia de una pareja, novios adolescentes y castos en su momento —como no podía ser de otra manera en los años sesenta—, que retoman su relación anterior a finales de los setenta fuera de los prejuicios y tópicos que habían influido en su educación, convirtiéndose en amantes con adulterio por medio. Es el tema central y social del guión, el cual tiene bifurcaciones secundarias: él es un abogado laboralista que defiende a un líder sindical (se da a entender que es Marcelino Camacho, líder histórico del ilegal sindicato Comisiones Obreras) aparición impensable en la época franquista. Además, se muestra muy bien el ambiente existente en los días que rodean a la muerte de Franco, el de las primeras elecciones de la democracia, la propaganda, las caravanas, la nostalgia de la música de los sesenta, la «guerra de los panfletos», etc.

El género documental es el que con más ahínco trata de la recuperación del pasado. Una vez desaparecida la censura surge la necesidad de contar de otra manera lo ocurrido durante los cuarenta años anteriores. Para muchos cineastas este tipo de narrativa vuelve a ser una obsesión. Hemos seleccionado para este género *«La vieja memoria»* (1977), de Jaime Camino, testimonios que nos describen la II República y la Guerra Civil, *«Informe General»* (1977), de Pere Portabella, síntesis de sus filmaciones clandestinas abiertamente políticas. Las intervenciones giran sobre una única cuestión: ¿cómo pasar de una dictadura a un estado de derecho?; *«El proceso de Burgos»* (1979), de Imanol Uribe, descripción del proceso a los presos de ETA en el año 1970. Y tenemos tres grandes obras de Basilio Martín Patino: *«Queridísimos verdugos»* (1977), *«Caudillo»* (1977) y *«Canciones para después de una guerra»* (1976). Ésta última está elaborada sobre la base de unir antiguas imágenes procedentes de noticiarios, documentales del NO-DO y secuencias de obras de ficción de los años cuarenta, con melodías muy conocidas en la época de cada momento. La censura lo prohibió fulminantemente y no pudo estrenarse hasta 1976. Aunque en un principio había sido aprobado el guión, Basilio M. Patino cambió el montaje original dándole un giro contrario, desfavorable al régimen. Eso explica el porqué de su prohibición. *«Caudillo»*, fue realizada en la clandestinidad con bastante esfuerzo; su director no quiso que fuera una mera ilustración acompañada de palabras y prepara el ojo del espectador para lo que va a venir después, entre otras cosas un poema de Pablo Neruda, «España, 1936», recitado por el actor argentino Héctor Alterio. Y en *«Queridísimos verdugos»*, entrevista a tres «funcionarios ejecutores de la Audiencia» verdugos reales en la época franquista que utilizaban el garrote vil como técnica e instrumento para realizar su trabajo. Aunque ya no existía la censura, los poderes administrativos y económicos, muchas veces conjuntamente, aunque ya no podían evitar que este cine se rodase, sí se encontraban todavía en condiciones de procurar que la distribución y exhibición llegase al público medio en las peores condiciones posibles, lo que incidía gravemente en la difusión de estas películas.

A veces, se rodaron filmes que, sin mencionar explícitamente hechos históricos, analizan el pasado del país. Una muestra la tenemos en «*El crimen de Cuenca*» (1979) de Pilar Miró, que nos describe la historia de un crimen a principios del siglo XX, los interrogatorios de la época, la inoperancia y negligencia de los funcionarios judiciales, la confesión de dos pobres hombres que «confiesan» el asesinato bajo torturas y la aparición del «asesinado» años después. Es una crítica demoledora a la tortura en la monarquía de Alfonso XIII como asimismo alegato y evidencia de las torturas del franquismo. El Ejército y la Guardia Civil, todavía instituciones muy poderosas en 1979, pusieron graves reparos a su estreno.

Mencionemos ahora «*Siete días de enero*» (1978) de Juan Antonio Bardem. Esta película es uno de los pocos filmes que tratan algún hecho importante ocurrido durante la Transición. Nos muestra, acertadamente a nuestro juicio, lo débil y frágil que era la estructura del Estado en este período. Cualquier cosa podía ocurrir en la España de esos días. Es una película hecha al hilo de lo que ocurre en las calles. El director, Bardem, no oculta sus simpatías por el PCE (es militante), ni que dicho partido esté detrás de la producción de la película. La virtud de J. A. Bardem es describir detalladamente el crimen de los abogados laboralistas de la calle Atocha de Madrid cometido por un grupo de ultraderecha prejuzgando los orígenes ideológicos. Lo más cuestionable, a nuestro juicio, es el maniqueísmo que destila —carga las culpas indirectamente en la agrupación Fuerza Nueva, Sindicato de Transportes Vertical, Blas Piñar, etc., todos ellos con nombres cambiados pero fácilmente reconocibles—. Hay buenos y malos, no hay regulares, ni difusos, ni ambiguos. No obstante es muy buena la recreación que se hace en unos días en el que el panorama político español estaba enormemente convulso debido a que en esos mismos días hubo cuatro asesinatos de policías, dos muertes en unas manifestaciones, el secuestro del general Villaescusa por parte de los GRAPO, etc. Es la parte documental la que eleva la calidad de esta película, donde se mezcla la ficción junto con reportajes testimoniales provenientes de los archivos del PC madrileño.

Otra película que encaja perfectamente con las circunstancias de la Transición, es *«El disputado voto del señor Cayo»* (1986), de Antonio Giménez Rico. La película, realmente no presenta una visión general bien articulada en la que se explicite de forma global una interpretación del proceso de cambio político que tuvo lugar en España de 1975 a 1986, pero sí deja traslucir una visión del mismo, que está sólidamente incrustada en la opinión pública. Es muy interesante la descripción que hace la película del ambiente previo a las elecciones generales del 15 de junio de 1977, hito que es muy ampliamente descrito y que fue un camino importante hacia la democracia, ya previsto por el Gobierno de Adolfo Suárez. Narra muy sencilla pero muy eficazmente el choque de dos diferentes concepciones, más que políticas, humanas. La filosofía campesina del Sr. Cayo y el explosivo progresismo de los militantes de una izquierda moderada (PSOE). Todo ello suficientemente envuelto en la añoranza y el desencanto.

En la Transición, una de las grandes recuperaciones del cine fue el relativo al erotismo y la sexualidad, una de las bestias negras del franquismo debido a la poderosa intervención censorial de la Iglesia Católica, amén del papel que, a la mujer destinaba la familia falangista en su rama femenina (Sección Femenina). El tipo de cine erótico que se comenzó a ver en esta fase era el heredero directo del producido en las etapas finales del franquismo (el «tardofranquismo»), el llamado «landismo». Este cine, que se basaba en el desnudo de las actrices e incluso en escenas de lesbianismo, se transforma en otro tipo de cine más adulto y serio, con un análisis de lo sexual más reflexivo. Se filman películas como *«La petición»* (1976), de Pilar Miró, *«Cambio de sexo»* (1977), de Vicente Aranda —con Victoria Abril—, o *«Los placeres ocultos»* (1977), de Eloy de la Iglesia.

La Transición, en este campo cinematográfico, trajo consigo que lo que se mostraba como relaciones sexuales y eróticas no era tanto por afán sexual, libidinoso y paleto-franquista con censura, sino que las relaciones sexuales tenían una proyección diferente y eran mostradas por realizadores con mentalidad seria, avanzada y abierta.

Gran impacto tuvieron también las películas que exhibían el tema de la homosexualidad —ya en la «postransición», años noventa y siguientes, especialmente en el cine de Pedro Almodóvar; los temas sobre homosexualidad y prácticas homosexuales dejan de ser más o menos implícitos y sugeridos para mostrarse abierta y descarnadamente—. Como sabemos, estas tendencias estaban prohibidas categóricamente por el código de censura del régimen franquista y pocas películas pudieron sortear esta limitación. Además, a los homosexuales les era de aplicación una durísima ley penal que les trataba no solo como delincuentes sino como enfermos mentales. Como anécdota curiosa mencionaremos la película *«Diferente»* (1960), de Alfredo Alaria que inexplicablemente fue autorizada.

Comenzaron a surgir por tanto, avanzada la década de los años setenta, filmes como *«Un hombre llamado Flor de Otoño»* (1978), de Pedro Olea, que entrelaza a homosexuales con la militancia anarquista a principios del siglo XX en plena Dictadura primorriverista, *«El diputado»* (1978), de Eloy de la Iglesia, donde el director utiliza dos ángulos del cine de la Transición: la propia homosexualidad y la política, *«La muerte de Mikel»*(1983), de Imanol Uribe, que describe cómo se entremezcla política y homosexualidad en un pequeño pueblo vasco donde el protagonista, farmacéutico, casado y homosexual sin saberlo, tiene un hermano mayor perteneciente al PNV y una madre, típica «Ama» vasca. Además, es candidato de un partido atzberzale, tiene un amante travesti, y es asesinado.

Durante la Transición, ya la mujer en España había experimentado una tímida evolución en el tardofranquismo; algo se ha destapado en todos los sentidos y lo que aparece es una nueva mujer que está evolucionando rápidamente. Está ahí, reclamando su puesto en la sociedad, y a finales de los setenta la tipología fílmica nos la muestra a través de las «películas de la democracia». Lejos ha quedado lo que las esencias del régimen franquista especificaba: que el verdadero deber de las mujeres para con la patria era el de formar familias con austeridad, alegría y comprensión y ser el complemento del hombre a quien nunca llegará a igualar —*«Así, pues, junto con la educación deportiva y universitaria, irá esa cosa que las prepare para que sean el verdadero complemento del hombre. Lo que no haremos nunca es ponerlas en competencia con ellos, porque jamás llegarán a igualarlos y en cambio perderán toda la elegancia y toda la gracia indispensable para la competencia. Y ya veréis cómo estas mujeres, formadas así con la doctrina cristiana y el estilo nacional sindicalista, son útiles en la Familia, en el Municipio y en el Sindicato»*—[6].

En los primeros años de la Transición y ya sin censura, son muy habituales las comedias asainetadas o comedias sexys, pero siempre aparece la institución familiar presentada muy tradicionalmente, donde la distribución de los papeles en la pareja es desigual quedando siempre la autoridad paterna o marital por encima de todo, además de conllevar la responsabilidad económica. Al mismo tiempo que entran en el cine perfiles femeninos reales, siguen perviviendo las folklóricas de siempre y las «señoritas de mala vida». El gusto del público español sigue aceptando comedias del tipo *«Mi mujer es muy decente, dentro de lo que cabe»* (1975) de Antonio Drove, (1.064.750 espectadores). Por otro lado, aparece la nueva figura de la mujer realizadora, contribuyendo a crear una galería de imágenes y un estilo diferente en nuestro cine. Pensemos en el trabajo de Josefina Molina y Pilar Miró.

En el cine de la Transición la mujer española no es la chica ye-yé, «ni española y decente». Es urbana, joven, trabajadora, liberada sexualmente, autosuficiente, etc. *¿«Qué hace una chica como tú en un lugar como éste?»* (1978) de Fernando Colomo, es una muestra de este perfil que contrasta con las mujeres de la generación anterior. A este cine le si-

[6] De un discurso de Pilar Primo de Rivera el 15 de enero de 1938 ante mandos de la Sección Femenina.

gue una línea más agresiva que vendrá a partir de los ochenta y que también nos mostrará cómo se desenvuelve la mujer bajo un ángulo distinto hasta ahora y que provoca indistintamente repulsa y adhesión: *«Pepi, Lucy, Bom y otras chicas del montón»* (1980) de Pedro Almodóvar. La imagen de la mujer en el cine ya no admite marcha atrás. Tenemos ahora a mujeres, que además de responder a los estereotipos mencionados son maduras, en muchos casos madres y aunque la mujer tiene ya ideas políticas, no siempre se ensalza su condición de militante de un partido o sindicato. El cine todavía considera que la política es una cosa muy seria para que la mujer intervenga activamente en ella. En un aspecto que enlaza directamente con su condición de mujer, se echa en falta que el cine, ya avanzados los ochenta, no acuse ni muestre todavía los malos tratos y la violencia sobre la mujer.

En definitiva y como decíamos en líneas anteriores el cine de la Transición nos mostraba un proceso de dignificación de la mujer que, a nuestro juicio, es a partir de los noventa cuando alcanza su culminación.

También en este período el cine español sufre un cambio considerable en el campo moral y religioso. Respecto a la imagen de sus protagonistas en el entorno campesino (el cura rural), no hay una transformación significativa respecto a la etapa franquista; es en el entorno urbano donde los representantes de la Iglesia evolucionan significativamente. Los curas de ciudad se acercan al mundo real y cotidiano —las mujeres, las dudas, las crisis de fe, la política, etc.—. Esto lo podemos comprobar en *«El sacerdote»* (1978) de Eloy de la Iglesia y en el personaje del Padre Calvo —si bien en clave de humor y esperpento—, en la «trilogía nacional» de Luis Gª Berlanga (*«La escopeta nacional»*, *«Patrimonio nacional»* y *«Nacional III»*. 1978 a 1982). Existe por otro lado una homogeneidad entre lo que la sociedad va evolucionando, respecto a temas que en la dictadura monopolizaba la Iglesia, y la colectividad, que, paralelamente desarrolla una forma más libre de pensamiento.

Para terminar estos breves apuntes sobre el cine de la Transición podemos afirmar que el cine (como arte y como industria) estuvo sometido a una correlación muy directa con el desarrollo de los acontecimientos políticos. Si todo el sector celebró con alborozo el fin de la censura y lo predecible era que a partir de ese momento el cine sería más comprometido, no fue así, ya que siendo como era una industria con un andamiaje financiero muy endeble necesitaba una adecuada inyección económica estatal para sobrevivir. En definitiva, esta circunstancia originó una falta de libertad que supuso la casi nula evolución del cine hacia proyectos más arriesgados.

Otro aspecto, que muchos estudiosos y críticos han señalado como una carencia evidente, es la insuficiente atención —salvo algunas excepciones casi todas relativas a los conflictos armados cuya raíz tiene lugar en el País Vasco—, a hechos fundamentales que no se han llevado al cine y que, por su importancia y trascendencia forman parte de la Historia reciente (la llamada «Historia Actual»[7]) de España —por ejemplo y sin ánimo de ser exhaustivos: las manifestaciones en favor del aborto, el ingreso en la OTAN, («de entrada NO»), los sucesos de Vitoria y Montejurra, las frecuentes concentraciones de la ultraderecha en la Plaza de Oriente los 20-N, etc.— ¿Cuáles han sido sus causas? Quizás el temor a la represión, no administrativa, sino social que parte de la sociedad española aún practicaba; quizás la autocensura, pues cuarenta años habituados a ella no hay duda de que dejó psicológicamente marcado al sector. Sea cual fuere la causa, es evidente que el grado de inteligencia con que muchos cineastas hicieron gala durante los años del franquismo, bordeando la censura y logrando la exhibición de películas en evidente equilibrio entre la condena o

[7] Clasificación con la que muchos historiadores no están de acuerdo, no solo por la contradicción conceptual entre «historia» y «actual», sino por la difícil visión, no sesgada, que el investigador debe mantener. Quizás los acontecimientos del momento habría que encajarlos más en el ámbito del Periodismo que en la Historia.

el permiso, salvo honrosas excepciones, no se heredó en el cine de la Transición[8].

En la década de los setenta hubo algunas películas, no muchas, de carácter político, que en la década siguiente fueron sustituidas paulatinamente por un cine caracterizado por la llamada «ley del consenso», que rechazaba el rupturismo, las posturas radicales y los directores transgresores, con un único objetivo: canalizar a los ciudadanos hacia el centrismo. No obstante, tampoco parece que el cine español actual demuestre mucho interés por complejos sucesos de nuestra historia aunque ésta sea reciente. No obstante, sí se puede afirmar que el cine español de la Transición intentó recuperar todo aquello que se había olvidado consciente o inconscientemente, principalmente la Historia, que para varias generaciones se había manipulado, falseado y tergiversado por los vencedores de la guerra 1936-1939.

También hay que mencionar, pues nos guste o no ocupan un puesto en la producción fílmica de esos años, películas que con enfoques reaccionarios y jactanciosos muestran hechos acaecidos en la Transición, que con un tono marcadamente ultraderechista revelan circunstancias surgidas en esta etapa con una fuerte carga de oportunismo político —«El apolítico», «Cara al sol que más calienta», «El fascista, la beata y su hija desvirgada», etc.—

A nuestro juicio el cine de la Transición tiene un fuerte aspecto positivo. El mundo cinematográfico español modificó sustancialmente su forma de pensar apoyando el cambio y transformando la forma de hacer cine, aunque la taquilla no acompañase estas buenas intenciones. El cambio para la mentalidad del público fue excesivamente radical y éste tuvo que abandonar la temática de «tetas, sexo y guerra civil» dominante en esa época, al igual que la industria

---

8 TENA, A. *«50 aniversario de ¡Bienvenido Mr. Marshall!»* TF. Editores. Madrid. 2002. Ver Cap. 2. Pag.30. En estas páginas se pueden comprobar los equilibrios que J. A. Bardem y L. Gª Berlanga tuvieron que hacer para lograr la aceptación del guión por parte de la censura.

norteamericana abandonó las producciones bélicas de los años cincuenta y los franceses lo «social» de la «Nouvelle Vague» después de mayo 1968.

Va siendo hora de reparar errores y abandonar tópicos. Reinterpretemos la historia y valoremos el cine social realizado después de la llegada de la democracia. El cine de la Transición merece, a pesar de todo lo expuesto en estas líneas un reconocimiento, y ser situado en un lugar destacado de la Historia cinematográfica española.

LA TRANSICIÓN DE LOS DELITOS DE OPINIÓN EN ESPAÑA

ENRIQUE ORDIALES
Universidad Rey Juan Carlos

Que en España se puede opinar de (casi) todo es una realidad. La llegada de la democracia trajo consigo el derecho a la libertad de expresión y opinión, aunque también limitó su ejercicio. Esos límites, que no siempre se aprecian fácilmente, han obligado a los jueces y tribunales a delimitar la línea que separa la libertad de expresión de los delitos contra el honor o contra los sentimientos religiosos. Cuando el cantautor Javier Krahe se sentó en el banquillo por «cocinar un crucifijo», dejó clara su postura sobre la posibilidad de ser condenado por un vídeo en el que metía un crucifijo en el horno: «Si me condenan, me exilio». Al final, el juicio acabó en absolución, pero los límites siguen siendo difusos.

I. LAS LEYES FRANQUISTAS (1938 Y 1966)

La ley de Prensa de 1938[1] se promulgó en un contexto muy concreto: en plena Guerra Civil, el bando nacional su-

[1] España. Ley de 22 de abril de 1938, de Prensa. BOE, de 24 de abril de 1938, núm. 550, pp. 6938 a 6940.

primió la libertad de prensa e imprenta en los territorios que controlaba. Como se extrae de su artículo primero, «incumbe al Estado la organización, vigilancia y control de la institución nacional de la prensa periódica».

El Estado se atribuyó la competencia de nombrar a los directores de los periódicos, a controlar tanto el número de publicaciones como su extensión y a realizar censura previa. Para ejercer tales potestades, el régimen tuvo que adaptar el marco administrativo del Estado, creando el Servicio Nacional de Prensa a escala nacional; e instalando en cada provincia un Servicio de Prensa dependiente del gobierno civil, y cuyo director sería nombrado directamente por el ministro competente.

La responsabilidad de lo publicado sería del director de cada periódico, cuyo nombramiento tenía que ser aprobado por el Ministro, aunque lo publicado tuviese autor conocido. «La responsabilidad del firmante no exime (...) la que pueda recaer sobre el director». También se extiende la responsabilidad de lo publicado al propietario de la maquinaria utilizada para difundir la información.

Respecto al periodista, se obliga su inscripción en el Registro Oficial de Periodistas (salvo que sea un mero colaborador), siendo este organismo el encargado de emitir las acreditaciones necesarias para ejercer la profesión.

La sanción administrativa más contundente que recoge la ley es la incautación del periódico, competencia del jefe del gobierno. Para ello, se debe observar la existencia de una falta grave y reiterada («mermar de forma directa o indirecta el prestigio de la Nación o del régimen, entorpecer la labor de gobierno en el Nuevo Estado o sembrar ideas perniciosas entre los intelectualmente débiles»).

Esta ley, redactada de forma apresurada e ideada como un texto provisional («Mientras no se regule de modo definitivo la organización académica del periodismo...»), estuvo vigente 28 años, hasta 1966. Los primeros intentos de reforma surgen en 1951 con la creación del Ministerio de Información y Turismo. Sin embargo, el ministro Gabriel

Arias Salgado no fue capaz de elaborar un borrador que superase la fase de anteproyecto. Tras su destitución en 1962, Manuel Fraga Iribarne se pone al frente del Ministerio e inicia la elaboración de la nueva ley, que finalmente se promulgó en 1966[2].

La conocida como *ley Fraga* reconoce el derecho a la libertad de expresión de la prensa, aunque con grandes limitaciones. De entrada, se imponen límites legales y morales («respeto a la verdad y a la moral; el acatamiento a la ley de Principios del Movimiento Nacional y demás Leyes Fundamentales...»). Otro límite es el respeto a las instituciones en el ejercicio de la crítica política, así como la salvaguarda del derecho al honor y a la intimidad personal y familiar de las personas.

Sin embargo, la mayor diferencia respecto a la ley de 1938 es la supresión de la censura previa. Esto no significó la ausencia de control por parte del Estado de las publicaciones. La nueva ley recogía en su artículo 63 que, cuando la Administración tuviera conocimiento de una publicación que pudiera ser objeto de delito, se ordenase el secuestro hasta que el juez decidiera.

Por lo tanto, se elimina la censura previa, pero se permite el secuestro de publicaciones sin orden judicial que lo autorice. Además, el régimen de sanciones invitaba a la autocensura de los medios. La responsabilidad civil derivada de los delitos que se hubieran cometido, «cuando no pudiera hacerse efectiva en los autores», recaía de forma subsidiaria en la empresa periodística.

Otra diferencia importante de esta ley sobre la anterior es la designación del director del medio. Se permite su libre nombramiento, dejando de ser competencia del ministro, pero a la vez se imponen una serie de condiciones que deberá reunir la persona en cuestión y que aparecen recogidas en los artículos 35 y 36 (ser español, poseer el título

[2] España. Ley 14/1966, de 18 de marzo, de Prensa e Imprenta. BOE, de 19 de marzo de 1966, núm. 67, pp. 3310 a 3315.

de periodista inscrito en el registro, no haber sido condenado por delito doloso ni tres veces por infracciones en materia de prensa...).

Esta ley también establece, en su artículo 6, que la prensa está al servicio del régimen. Por consiguiente, los periódicos estaban obligados a publicar y las agencias a divulgar cualquier información que la Administración considerase de interés general. El organismo encargado del envío de estas informaciones era la Dirección General de Prensa, que se encargaba tanto de decidir el momento de la publicación y divulgación como su extensión.

Esta ley no fue modificada hasta 1977, ya en el reinado de Juan Carlos I, mediante el Real Decreto Ley 24/1977. En dicho texto se derogaba el artículo 2 de la ley (límites de la libertad de expresión) y el secuestro administrativo de la publicación solo se podía dar cuando se atacase a la unidad de España, a la Corona o a las Fuerzas Armadas (art. 3).

Con la llegada de la Constitución de 1978, se reconoce el derecho a comunicar y difundir libremente información veraz y a expresar y difundir libremente los pensamientos, ideas y opiniones.

II. LOS LÍMITES HOY. LO QUE NO SE PUEDE PUBLICAR EN ESPAÑA

El artículo 20 de la Constitución de 1978 reconoce los derechos a la libertad de opinión y de información. Estos derechos, considerados «fundamentales» al estar incluidos en el Capítulo II del Título I, solo pueden ser suspendidos con la finalidad de proteger otros derechos fundamentales «cuando se acuerde la declaración del estado de excepción o de sitio en los términos previstos en la Constitución» (art. 55 CE).

Ahora que se puede apreciar la libertad de expresión que no existía durante el franquismo, se deben conocer también los límites legales que la acotan. Como actualmente no existe una ley de prensa que sistematice dichas limitaciones a la hora de difundir opiniones y de ofrecer informaciones, hay que extraer del Código Penal aquellos tipos que podríamos considerar restrictivos.

2.1. Delitos contra el honor

El artículo 18 de la Constitución garantiza el derecho al honor, a la intimidad y a la propia imagen. Para la protección de estos derechos, el ordenamiento dispone de un doble mecanismo: la protección civil y la protección penal.

La Ley de Protección Civil al Derecho al Honor, a la Intimidad Personal y Familiar y a la Propia Imagen[3] es la más utilizada en la salvaguarda de este derecho. Empleada para los casos menos graves, los hechos que regula no son considerados delitos. Sin embargo, sí merece la pena analizar lo que han resuelto los jueces y tribunales en su aplicación, ya que en sus fallos queda resuelto el conflicto entre los artículo 18 (derecho a la intimidad y al honor) y 20 (libertad de opinión y de información) de la Constitución.

La Sala de lo Civil del Tribunal Supremo ha determinado que los tres requisitos legitimadores del derecho a la libertad de información frente al derecho al honor son «la relevancia pública de la noticia, su veracidad y el interés informativo»[4]. La misma Sala ha tratado de forma especial el requisito de la veracidad, remarcando la importancia del respeto a la presunción de inocencia. Este requisito exige del periodista «una actuación razonable en la comprobación de la veracidad de los hechos», imprescindible para

[3] España. Ley Orgánica 1/1982, de 5 de mayo, de protección civil del derecho al honor, a la intimidad personal y familiar y a la propia imagen. BOE, de 14 de mayo de 1982, núm. 115, pp. 12546 a 12548.

[4] Tribunal Supremo (Sala de lo Civil. Sección 1ª). Sentencia núm. 337/2016 de 20 de mayo.

garantizar el derecho de los ciudadanos a recibir una información veraz[5].

Además, aunque el periodista no está obligado a revelar sus fuentes, si la información que ofrece no es veraz y no ofrece identificación de la fuente, no podrá aplicársele la llamada *doctrina del reportaje neutral*, y asumirá su responsabilidad por vulnerar los derechos de las personas a las que afecte la información que ha publicado. Según la propia jurisprudencia del Tribunal Supremo, esto debe ser así porque no puede considerarse veraz una información por el mero hecho de indicar que los datos provienen de «fuentes policiales (…) o por testigos presenciales de los hechos»[6].

Por otro lado, los delitos contra el honor son aquellos tipificados en el Código Penal en sus artículos 205 y 208 (calumnia e injuria). La calumnia es «la imputación de un delito hecha con conocimiento de su falsedad o con temerario desprecio hacia la verdad» (art. 205 CP), mientras que la injuria es «la acción o expresión que lesiona la dignidad de otra persona, menoscabando su fama o atentando contra su propia estimación» (art. 208 CP). A esta última definición hay que añadirle el matiz que recoge el mismo artículo 208 en su párrafo segundo, donde se recoge que «solamente serán constitutivas de delito las injurias que, por su naturaleza, efectos y circunstancias, sean tenidas en el concepto público por graves». He aquí donde apreciamos la línea que separa el ámbito civil del penal en la protección del derecho al honor.

Para que haya una condena por calumnias, la Sala Segunda del Tribunal Supremo indica que no bastan atribuciones genéricas, vagas o analógicas, sino que han de recaer sobre un hecho inequívoco, concreto y determinado. Además, la falsedad de la imputación no se decide sobre la verdad material, sino sobre la «verdad procesal, que es aquella a la que un órgano jurisdiccional debe atender». Por lo tan-

[5] Tribunal Constitucional (Sala Segunda). Sentencia núm. 28/1996 de 2 de abril.

[6] *Vid.* Nota 4.

to, aquello que se tiene por verdadero es lo que han dictaminado los órganos jurisdiccionales; de manera que nadie podrá ampararse en la disconformidad o desacuerdo con una resolución judicial para imputar delito alguno.

Sobre la valoración de las injurias, la Audiencia Provincial de Madrid indica que la gravedad de las mismas «vendrá determinada por las circunstancias personales de los implicados, la propia naturaleza de las expresiones, por los efectos producidos y por su alcance»[7].

El Código Penal tipifica en sus artículos 211 y 212 la calumnia y la injuria «con publicidad». Cuando estos delitos se «propaguen por medio de la imprenta, la radiodifusión o por cualquier otro medio de eficacia semejante», el propietario del medio por el que se hayan difundido las injurias o calumnias será responsable civil subsidiario. Además, para que pueda producirse una condena por estos delitos, deberá interponerse querella por el ofendido o su representante legal (art. 215.1 CP); poniendo fin al proceso el perdón de la víctima (art. 215.3 CP).

El propio Tribunal Supremo es consciente de que «el reconocimiento constitucional de las libertades de expresión y de información ha modificado profundamente la forma de afrontar el enjuiciamiento de los delitos contra el honor en aquellos supuestos en los que la conducta a considerar haya sido realizada en ejercido de dichas libertades», ya que los mismos hechos no pueden ser a la vez legítimos en el ejercicio de un derecho y delictivos[8].

Por lo tanto, la jurisprudencia ha tenido que establecer los límites del derecho a la libertad de expresión. La libertad de expresión no ampara «intervenciones en el derecho al honor que afecten al núcleo último de la dignidad de las personas. (...) Siempre será posible verter las opiniones más hirientes sin afectar al aspecto del honor que coincide

[7] Audiencia Provincial de Madrid (Sección Segunda). Sentencia núm. 235/2009 de 14 de mayo.

[8] Tribual Supremo (Sala Segunda. Sección 1ª). Sentencia núm. 39/2005 de 21 de enero.

íntegramente con el núcleo intangible de la dignidad de la persona. Consecuentemente, cuando la expresión del menosprecio se extiende a este núcleo último (...), el ejercicio del derecho fundamental de la libertad de expresión resulta claramente contrario al principio de proporcionalidad, y, por lo tanto, también innecesario»[9]. Además, se considera que, aunque una persona tenga carácter público; no puede quedar privada del derecho al honor. Así, la libertad de expresión encuentra su límite en la «reputación ajena».

2.2. Delito especialísimo contra la Corona

Los delitos de calumnia e injuria adquieren un matiz diferente «cuando se realizan contra el Rey o a cualquiera de sus ascendientes o descendientes, a la Reina consorte o al consorte de la Reina, al Regente o a algún miembro de la Regencia, o al Príncipe heredero de la Corona, en el ejercicio de sus funciones o con motivo u ocasión de éstas» (art. 490 CP). Además, el legislador tipifica también como delito el uso de «la imagen del Rey o de cualquiera de sus ascendientes o descendientes, o de la Reina consorte o del consorte de la Reina, o del Regente o de algún miembro de la Regencia, o del Príncipe heredero, de cualquier forma que pueda dañar el prestigio de la Corona».

En estos casos, el bien jurídico contra el que se atenta es la institución de la Corona, «especialmente protegida por el legislador»[10]. La figura del rey encarna dicha institución como representación y símbolo de los poderes públicos (...) y por ello se le otorga una expresa protección penal»[11]. La jurisprudencia, por tanto, entiende que atacar la figura del rey supone atacar al sistema; de manera que no

[9] Tribunal Supremo (Sala Segunda. Sección 1ª). Sentencia núm. 9600/1991 de 26 de abril.

[10] Audiencia Nacional, Juzgados Centrales de lo Penal. Sentencia núm. 003/2016 de 26 de enero.

[11] Tribunal Constitucional (Pleno). Sentencia BOE núm. 159 de 4 de julio de 1986.

se está protegiendo la dignidad de personas particulares, sino la propia estabilidad del sistema. Protegiendo la figura del monarca se pretende salvaguardar a la institución que representa la «unidad y permanencia del Estado» (art. 56 CE).

2.3. Apología de delitos graves y enaltecimiento del terrorismo

El artículo 18 del Código Penal tipifica el delito de apología de la siguiente manera: «Es apología (...) la exposición, ante una concurrencia de personas o por cualquier medio de difusión, de ideas o doctrinas que ensalcen el crimen o enaltezcan a su autor. La apología sólo será delictiva como forma de provocación y si por su naturaleza y circunstancias constituye una incitación directa a cometer un delito».

Por lo tanto, «la provocación y la apología (...) son actos constitutivos de un delito específico de expresión atentatorio contra la paz social, por el vertido de expresiones que, exaltando el delito, inviten genéricamente a cometerlo» (CUELLO CONTRERAS, 2015: 179).

Distinto es el caso del enaltecimiento del terrorismo. Para que haya apología, como hemos visto, tienen que concurrir dos circunstancias: ensalzar un hecho delictivo e incitar a que se cometa. Pero el artículo 578 del Código Penal considera suficiente el ensalzamiento para los delitos de terrorismo: «El enaltecimiento o la justificación públicos de los delitos comprendidos en los artículos 572 a 577 o de quienes hayan participado en su ejecución, o la realización de actos que entrañen descrédito, menosprecio o humillación de las víctimas de los delitos terroristas o de sus familiares, se castigará con la pena de prisión de uno a tres años y multa de doce a dieciocho meses».

La jurisprudencia ha tenido que definir con claridad los elementos que vertebran el delito de enaltecimiento, ya que en él no aparece una incitación evidente como en el delito de apología. En primer lugar, deben existir unas acciones o palabras en las que se ensalcen o hagan elogios a los delitos en cuestión (enaltecimiento) o presentar dichos hechos como acciones lícitas y legítimas (justificación). El objeto de tal ensalzamiento deben ser las conductas definidas como delitos de terrorismo o cualquiera de las personas que hayan participado en la ejecución, pudiendo ser esas personas un colectivo concreto[12].

Este delito «puede adentrarse en la zona delicada de la sanción de opiniones, por deleznables que puedan ser consideradas, y, lo que es más delicado, pueden entrar en conflicto con derechos de rango constitucional como son los derechos de libertad ideológica y de opinión»[13]. Por eso, el Tribunal Supremo afirma que los jueces deberán examinar tanto las frases o expresiones concretas que se han utilizado, así como la ocasión y el escenario en el que fueron pronunciadas; sin olvidar que, en los casos de duda, deberá reconocerse el derecho a la libertad de expresión.

2.4. Delitos de odio y contra los sentimientos religiosos

Los delitos de odio aparecen recogidos en el extenso artículo 510 del Código Penal, modificado por la LO 1/2015 de 30 de marzo. Los hechos que en él se tipifican tienen en común un elemento motivador: el odio y la discriminación. Según indica el Ministerio del Interior en su página web, «los delitos de odio son aquellos incidentes que están dirigidos contra una persona motivados por un prejuicio basado en la discapacidad; la raza, origen étnico o país de procedencia; la religión o las creencias; la orientación e identidad sexual; la situación de exclusión social y cualquier otra circunstancia o condición social o personal».

---

[12] Tribunal Supremo (Sala Segunda. Sección 1ª). Sentencia núm. 149/2007 de 12 de febrero.

[13] Tribual Supremo (Sala Segunda. Sección 1ª). Sentencia núm. 106/2015 de 19 de febrero.

Los delitos contra los sentimientos religiosos aparecen específicamente tipificados en el artículo 524 del Código Penal («El que en templo, lugar destinado al culto o en ceremonias religiosas ejecutare actos de profanación en ofensa de los sentimientos religiosos legalmente tutelados será castigado con la pena de prisión de seis meses a un año o multa de 12 a 24 meses») y en el 525 del mismo texto legal («Incurrirán en la pena de multa (...) los que, para ofender los sentimientos de los miembros de una confesión religiosa, hagan públicamente, de palabra, por escrito o mediante cualquier tipo de documento, escarnio de sus dogmas, creencias, ritos o ceremonias, o vejen, también públicamente, a quienes los profesan o practican»).

Aunque estos delitos no encajen a la perfección dentro de la definición de *delitos de opinión* (el propio legislador los ha catalogado como «delitos de odio» y «contra los sentimientos religiosos») sí merecen ser mencionados en tanto que limitan el derecho a la libertad de expresión. Para que estemos ante un delito contra los sentimientos religiosos «deben ejecutarse actos de profanación (...) en templo o lugar destinado al culto (...) y dichos actos deben ser idóneos para ofender y objetivamente graves»[14]. Además, se exige también la presencia de elemento subjetivo (intención de causar tales ofensas), pero la doctrina del Tribunal Supremo ha determinado que la intención no puede ser objeto de prueba directa, debiendo deducirse el *animus* de los hechos realizados.

2.5. Los delitos de opinión en Internet

Todos estos delitos adquieren una especial gravedad cuando se cometen en Internet. Muchos de los tipos son agravados por el legislador cuando adquieren cierta difusión, y aunque la ley, muchas veces, no mencione expresa-

[14] Juzgado de lo Penal, Madrid. Sentencia núm. 69/2016 de 18 de marzo.

mente Internet, los jueces y tribunales han entendido la magnitud que pueden tener las opiniones vertidas en la Red.

El Código Penal castiga con más severidad el delito de injuria «con publicidad» (art. 209) que la injuria a secas. Lo mismo ocurre en el caso del delito de enaltecimiento del terrorismo, cuyas penas «se impondrán en su mitad superior cuando los hechos se hubieran llevado a cabo mediante la difusión de servicios o contenidos accesibles al público a través de medios de comunicación, internet, o por medio de servicios de comunicaciones electrónicas o mediante el uso de tecnologías de la información» (art. 578.2 CP).

Por consiguiente, y en vista de que los propios textos legales tratan de manera especial los delitos cometidos o difundidos en Internet, la jurisprudencia se ha pronunciado a cerca de la importancia que tiene la Red.

«Hoy día el cambio social viene ligado a la evolución tecnológica. Internet ha supuesto una revolución en el mundo de las comunicaciones y del conocimiento, con la particularidad de que permite a los países atrasados avanzar enormemente. Pero también esta importancia de las redes sociales tiene su incidencia en el sistema penal. Cualquier política criminal hoy día no puede ignorar esta explosión tecnológica que permite divulgar cualquier mensaje en pocos segundos a una multitud de usuarios situados en países lejanos con lo que se obtiene una publicidad de los mensajes impensable hace unos años» [15].

En 2014 se produjo la primera condena por un delito de amenazas en Internet, aunque en aquel momento fue catalogado como «falta» (SJP 318/2014). Con la redacción actual del Código Penal sería considerado delito ya que las faltas han sido despenalizadas o catalogadas como «delitos leves».

Por lo tanto, los hechos que se cometen en Internet no son impunes; y en los casos en los que el legislador agrava

---

[15] *Vid.* Nota 14.

la pena cuando haya publicidad, los jueces y tribunales consideran Internet como un medio poderoso de difusión.

III. CONCLUSIONES

La llegada de la democracia a España trajo consigo la libertad de opinión. De esta manera, cuando en la actualidad analizamos los delitos de opinión, analizamos en realidad los límites que el propio ordenamiento jurídico impone al artículo 20 de la Constitución. El derecho a la libertad de expresión e información juega un papel determinante en los sistemas democráticos, y sus relaciones con el resto de derechos y libertades no siempre es sencillo. Los fallos estudiados, salvo matices pequeños en la interpretación de los hechos, son coherentes. Es reiterada la doctrina que mantiene que «el ejercicio de la libertad de expresión —también el derecho a la información— no puede justificar sin más el empleo de expresiones o apelativos insultantes, injuriosos o vejatorios que exceden del derecho de crítica y son claramente atentatorios para la honorabilidad de aquél cuyo comportamiento o manifestaciones criticar, incluso si se trata de persona con relevancia pública, pues la Constitución, no reconoce el derecho al insulto».

Nuestro ordenamiento da cabida a todo tipo de opiniones, incluso las contrarias al sistema, siempre y cuando se guarde proporcionalidad entre la crítica y los hechos criticados. La sentencia dictada por la Audiencia Nacional en enero de 2016 en la que se condena a una ciudadana por insultar al rey Juan Carlos I con motivo de su cacería en Botsuana respeta este principio y lo explica de forma clara. Uno puede expresar su disconformidad con que el Jefe del Estado acuda a una cacería, pero para ello no es necesario calificar a la familia real como una panda de «borrachos, estafadores y asesinos».

Además, los criterios que utilizan los jueces y tribunales españoles están en sintonía con los que dicta la jurisprudencia del Tribunal Europeo de Derechos Humanos. «El límite en el ejercicio de la libertad de expresión (...) es la difamación»[16]. Es cierto que no siempre se puede apreciar de forma clara la línea que separa la difamación del ejercicio legítimo de la crítica política. Por ello, es importante encontrar un equilibrio entre la finalidad perseguida (informar) y la reputación de las personas o instituciones sobre las que se informa.

La doctrina imperante en España y en Europa es que «el uso de un lenguaje fuerte solo debe ser restringido cuando los términos usados sean desmesurados respecto del legítimo objeto de la crítica perseguida». Por consiguiente, caben todas las opiniones, pero estas no pueden ser difundidas de cualquier manera.

La sentencia del Tribunal Supremo 106/2015 de 19 de febrero de 2015 recoge que «no se criminaliza el sentimiento del odio, que como tal en tanto permanezca oculto en el interior del ser humano que fuera de la respuesta penal porque los pensamientos no delinquen, sino que lo que se criminaliza son hechos externos que ensalzan tal odio». Es legítimo que una persona sienta odio y que lo exprese, siempre y cuando esa manifestación no ensalce tal sentimiento.

Dicho esto, se debe reconocer que la tipificación de los delitos de odio se mueve en un terreno peligroso. Es cierto, como ya se ha citado, que no se criminaliza el sentimiento de odio; pero hay ocasiones en las que la mera manifestación del sentimiento puede ser interpretada como un ensalzamiento y una incitación al mismo.

Por ello, las sentencias analizan tanto los hechos producidos como el contexto que los ha rodeado, de manera que la mayoría de fallos condenatorios por este tipo de delitos se da en situaciones en las que hay poco lugar para la duda, absolviendo a los acusados cuando los hechos no ofrecen una respuesta clara.

---

[16] Tribunal Europeo de Derechos Humanos. Caso Handyside contra Reino Unido. Sentencia de 7 de diciembre de 1976.

Los mismos criterios se aplican a los casos de delitos contra el honor. Los jueces y tribunales únicamente fallan contra la libertad de expresión en casos de flagrante delito; pues de lo contrario actuarían en contra de la jurisprudencia marcada por el Tribunal Europeo de Derechos Humanos (y este organismo, en última instancia, revocaría la condena en el caso de que existieran dudas razonables sobre la vulneración del derecho al honor).

Esto debe ser así porque un Estado democrático tiene que dar cabida a todas las opiniones, incluidas las que son contrarias al propio sistema. La democracia no se puede imponer; y flaco favor haríamos a sus valores si, para protegerlos, aniquilamos el debate impidiendo a los ciudadanos expresarse libremente.

Made in the USA
Monee, IL
04 November 2026

67379468R00089